中公新書 2847

小山太郎著

デザイン経営

各国に学ぶ企業価値を高める戦略

中央公論新社刊

はじめに

デザインが企業価値を高める

良いデザインとは何だろうか。

その一例として、サムスン電子の薄型パネルテレビ（図5―4参照）を挙げることができる。それは、額縁に入れて飾られた絵画のようにインテリアになじみ、他の家具と比べても遜色ない存在感を放っている。世界市場でのシェアも常にトップである。

日本でも、デザインに注力することで好業績を上げている企業がある。たとえばバルミューダは、自然に吹く風を再現した扇風機（図6―6参照）や目立たずにインテリアの脇役となるような空気清浄機などをデザインしている（インテリアの主役になるのを目指さないなら目立たないほうがよい）。

こうした企業は、デザインへの投資を行うことで高い競争力を保ち、営業利益や株価の面で高いパフォーマンスを発揮している。イギリスのデザイン評議会の報告によると、1ポンドのデザイン投資は、4ポンドの営業利益増をもたらし、また、デザイン賞を受賞する企業の株価は、市場平均と比べて2倍の成長を達成するということである。[1] さらに、デザインへの投資は、売上高などの財務指標にプラスの影響を与えるのみならず、顧客満足度や購入意向も高めることが、近年続々と発表されている研究から明らかになっている。デザイン経営の推進は、今や世界的なトレンドである。

こうしたデザイン経営を取り巻く状況に鑑み、2018年に発表されたのが、経済産業省・特許庁の「産業競争力とデザインを考える研究会」による「「デザイン経営」宣言」である。

この宣言では、「「デザイン経営」は、ブランドとイノベーションを通じて、企業の産業競争力の向上に寄与する」としたうえで、次のようにいう。

デザインは、企業が大切にしている価値、それを実現しようとする意志を表現する営みである。それは、個々の製品の外見を好感度の高いものにするだけではない。顧客が企業と接点を持つあらゆる体験に、その価値や意志を徹底させ、それが一貫したメッセージとして伝わることで、他の企業では代替できないと顧客が思うブランド価値が生まれる。さらに、デザインは、イノベーションを実現する力になる。なぜか。デザインは、人々が気づかないニーズを掘り起こし、事業にしていく営みでもあるからだ。供給側の思い込みを排除し、対象に影響を与えないように観察する。そうして気づいた潜在的なニーズを、企業の価値と意志に照らし合わせる。誰のために何をしたいのかという原点に立ち返ることで、既存の事業に縛られずに、事業化を構想できる。

このようなデザインを活用した経営手法を「デザイン経営」と呼び、それを推進することが研究会からの提言である。

これは、リターンの大きいデザインへの投資を各企業に勧めると同時に、企業内外のアーティストやデザイナーが、経営の根幹に触れる意思決定に関わるような「デザイン経営」を推奨するものである。

さまざまな「デザイン経営」

それではデザイン経営の推進とは、具体的に何をすればよいのか。

ソフトウェアの開発工程を工夫することをもってデザイン経営に取り組んでいるとする企業もあれば、顧客の体験価値を高めるようなサービスの設計を行うことでデザイン経営に取り組んでいるとする企業、あるいは自社の企業理念やロゴを定めることをもってデザイン経営に取り組んでいるとする企業もあるなど、さまざまな企業があるのが現状である。

このように「デザイン経営」が企業によってバラバラに捉えられ、各社各様の「デザイン経営」があるのは、そもそも「デザイン」の捉え方が千差万別であるからだ。本書の狙いは、こうした百家争鳴ともいえる状況を整理すべく、まずデザインの定義から始めて、デザイン経営の具体像を提示することであり、それと同時に、自社にふさわしいデザインプロジェクトを各社が実践することを射程に含めている。

デザインの3つの意味

一言にデザインといっても、以下の3種類がある。

(a)ビジネス上の問題解決
(b)最終製品の〝かたち〟の決定
(c)工学的設計

これら3種類が、デザインする製品・サービスの種類や、社会、そして企業の置かれた状況によってさまざまな意味で用いられ、そのためデザイン経営のタイプも3種類に分かれるのである。以下にその例を1つずつ述べよう。

(a)ビジネス上の問題解決としてデザインを捉える。

これは、アメリカのデザインコンサルティング会社であるIDEO（アイディオ）が提唱する「デザイン思考」である。ユーザーへの共感から始まり、問題定義、そしてアイディアの創造とプロトタイプの作成&テストへと進んでいく一連のプロセスを、デザインとして示すものである。事例としては、アップル・コンピュータのマウスのデザインや、使いやすいスマホのユーザーインターフェース（UI）デザインが含まれよう。

(b)最終製品の〝かたち〟を決定する。

これは、コンセプトに対応した美しいかたちを与え、芸術作品のような工業製品を作るという意味である。いわゆるインダストリアルデザインがこれに当たる。具体的には、美しい流線形を備えたフェラーリのスポーツカーのボディが挙げられよう。この場合、ユーザーに対する市場調査は重視されない。というのも、美的に成熟していない公衆の好みに追随しても、芸術作品のような工業製品は作れないからである。インダストリアルデザインには、「芸術作品のような工業製品を普段から用いる暮らし」を実現するという理想がある。この(b)は、その理念を受け継いでいるのである。

(c)工学的設計としてデザインを捉える。

エンジンの性能設計や建築物の構造計算などがその具体例である。(b)のインダストリアルデザインが、美的観点からそれ以上付け加えたり削除したりすることのできないという意味で「完成した美しいかたち」を備えた製品を実現するのに対し、この工学的設計で念頭に置かれているのは、あらかじめ設計した通りの性能が保証され、計算通りの強度を発揮できるかという点で、(b)とは対照的である。

以上の整理から、デザインプロジェクトの性格は、(a)ビジネス上の問題解決、(b)最終製品の〝かたち〟の決定、(c)工学的設計、という3つの要素の組み合わせによって示すことができよう。3つの要素すべてをバランスよく備えたプロジェクトもあれば、1つの要素が突出しているプロジェクトもあるだろう。

デザイン経営では、こういったデザインプロジェクトが企業活動の中心となる。ここでは、最高経営責任者（CEO：Chief Executive Officer）と最高デザイン責任者（CDO：Chief Design Officer）との頻繁な対話を通じて、同時進行する幾つものデザインプロジェクトが円滑に進むような配慮がなされ、また試作品の出来栄えや、次のプロジェクトのための将来ビジョン等について意見交換が行われる。言ってみるならば、CEOとCDOとの対話で、会社の大きな意思決定が行われる。

本書では、国内外の豊富な事例を通じてさまざまなタイプのデザインプロジェクトを取り上げている。優れたかたちを備えた工業製品が得意なイタリアを扱った第2章では、キッチンのバルクッチーネ、アルマーニ、フェラーリの事例を取り上げ、〝デザイン思考〟発祥の地であるアメリカについての第3章では、テスラ、ＩＢＭ、アップルの事例を取り上げた。デザインを工学的設計と同一視する傾向のある中国に関する第4章では、ハイアール、ＤＪＩ、奇瑞・吉利・長城といった自動車会社を扱い、トップダウンでデザイン経営を導入する韓国を扱う第5章では、サムスン電子、ＬＧエレクトロニクス、現代自動車を取り上げた。そして第6章の日本では、ホンダ、バルミューダ、ファミリアの事例を挙げ、第7章のエコロジーを意識する北欧では、エレクトロラックス、イケア、ボルボを取り上げた。

本書を手に取った方が、「デザイン経営」の具体的なイメージを摑《つか》み、日々の活動に活《い》かしていただければ、著者として幸甚である。

目次

第5章 デザイン重視のトップがグローバル競争に乗り出す——韓国

図版制作・関根美有

第1章

デザイン経営とは何か

1　デザインとは何か

「はじめに」で述べたように、デザインという言葉は文脈によって、(a)ビジネス上の問題解決、(b)最終製品の〝かたち〟の決定、(c)工学的設計、という3つの意味で用いられる。これらの3つのそれぞれについて、まず詳しく説明していこう。

(a)ビジネス上の問題解決

デザインをビジネス上の問題解決として捉える場合に用いられるのが、「デザイン思考」という言葉である。この言葉は、デイヴィッド・ケリーが創設した、アメリカ・シリコンヴァレーのパロアルトにあるIDEOという会社がはじめて提唱した。IDEOはアメリカのデザインコンサルティング企業で、その代表的な製品にはアップル・コンピュータのマウスもある。2005年に『ビジネス・ウィーク』誌で「デザイン思考」という特集が組まれたことにより、この言葉はよく知られるようになった。[1] その後、ケリーは、デザイン思考を教えるスタンフォード大学大学院のプログラム「dスクール」の創設を支援するためCEOから会長に退き、ティム・ブラウンが共同会長に就任した。

アメリカのデザイン思考（ビジネス上の問題解決）は図1―1のようにまとめられる。

最初にプロジェクトがフォーカスする対象は、プロのシェフや子どもといった、平均的ではない特異なユーザー（エクストリーム・ユーザー）である。この特異なユーザーをよく調べる（観察する）ことでマス・マーケティングでは得られないような洞察が得られる（①）。

洞察とは、言い換えれば、無意識レベルでの動機（潜在ニーズ）の可視化であり、それらは、ユーザーに自己申告させる通常の市場調査を通じては得ることができない。そのため、行動観察（エスノグラフィー）調査やモチベーション・リサーチ（フロイトの精神分

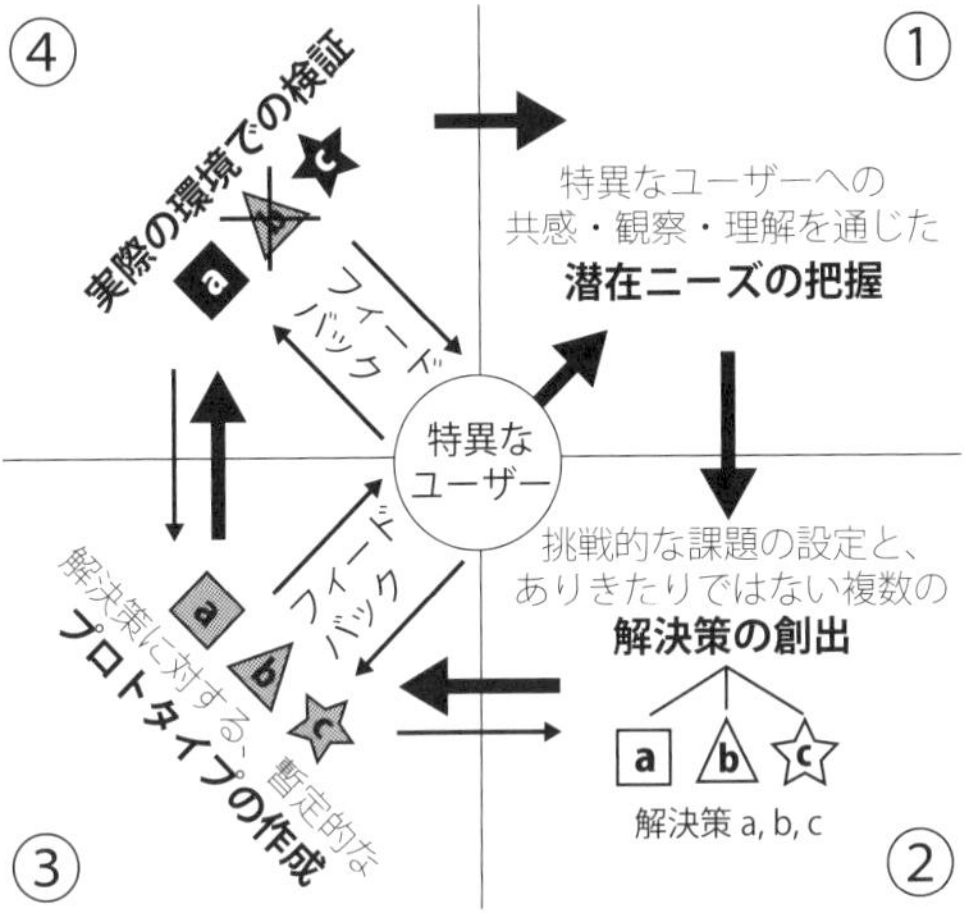

図1―1　アメリカのデザイン思考[2]

析学を用いた無意識レベルの購買動機の調査）などの手法を用いて、特異なユーザーの何気ない仕草を観察し、隠された動機を把握しなければならない。

また、この特異なユーザーから洞察を得るためには、ユーザーを消費者としてのみみなすことをやめ、先入観を打破しなければならない。つまり、ユーザーを一般の市民あるいは友人として捉え直し、彼らの置かれた状況に深く共感することが求められる。共感がなければ、ユーザーに情緒面での満足をもたらす心地よい体験をデザインすることはできない。

①「潜在ニーズの把握」の具体的な事例として、次の例が挙げられる。一般のドライバーではなくフォークリフトの運転手という特異なユーザーの暮らしをよく観察したところ、作業用の靴を履《は》いてできたマメや外反母趾《がいはんぼし》を癒やすために、エプソムソルト（硫酸マグネシウム）を溶かした湯に両足を浸したり、ペディキュアや特殊なフット・クリームを日常的に使ったりしていることが判明した。この洞察は、美容メーカーの新製品開発に繋《つな》がったのである(3)。

このような特異なユーザーにフォーカスして得られた洞察から、挑戦的な課題を可視化し、ありきたりではないさまざまな解決策を考案するのが、次の②「解決策の創出」の段階である。制約を設けないブレインストーミング等を用いて、紋切り型ではない多数の解決策を得る。そのさい、得られたアイディアは評価をとりあえず差し控えることが重要である。そのうえで、多数の解決策というアイディアが発散した状況を、ストーリーボード（ユーザーが経験する出来事をマンガのように順序だてて説明するパネル）やアイディアを記入した付箋紙群を用いて議論・検討し、収束させなければならない。つまり、多数のアイディアを、幾つかの解決策a、b、c……に絞り込む必要がある。

②のありきたりではない解決策の事例として、ゼネラル・エレクトリック（GE）社の次の試みが挙げられる[4]。病気の幼い子どもからは恐ろしい巨大機械に見えるMRIでの検査のさい、いかに子どもの負荷を減らすかという課題に対して、検査そのものを海賊船や宇宙船に乗って旅をする冒険物語のような体験へと変えることで、子どもが感じる恐怖を軽減したのである。

次に行うのは、絞り込んだ解決策に対して、モックアップなどのプロトタイプを暫定的に素早く作ることである（③「プロトタイプの作成」）。何度も修正できるようにするため、暫定的なプロトタイプの作成には時間をかけないことが求められる。物理的実体のないサービスの場合には、ショートムービーを作ってみる、ソフトウェア開発なら、たとえ洗練されていない酷《ひど》いプログラムであったとしても、とりあえずプログラムを書いてみるといった類のことである。なお、必要ならプロトタイプの作成に当たって、特異なユーザーが参加しても構わない。

③の事例としては、アメリカ最大手の薬局チェーンであるウォルグリーンが、薬剤師が相談に乗ってくれるような小売店舗の実寸大のプロトタイプを、発泡スチロール板を用いてすばやく作成したことが挙げられる。(5) これによってウォルグリーンは、イメージと異なる小売店舗を作らないで済んだのである。

作成したプロトタイプは、ユーザーが生活している実際の環境の中でテストすることが望ましい（④「実際の環境での検証」）。そうすることで新たな洞察が得られ、いまだに先入観に囚《とら》われていることなどが自覚できるだろう。そして新たな潜在ニーズが把握され、プロトタイプの修正が迅速に行われる。

この④の段階の事例として、ネパール農村部の出産直後の母親を想定ユーザーとするプロトタイプの保育器において、その適温表示を37度という具体的な数字ではなく、単に「OK」という表示に変更したエピソードが挙げられる。現地では、西洋の薬は効きすぎると思われていたため、適温で37度と表示されると、母親たちは30度までしか温めることをせず、結果として十分な保温ができなかったためである。(6)

このように、(a)「ビジネス上の問題解決」という場合のデザイン思考はユーザーに焦点を当てて、その問題解決を図るという点を特徴とする。

なお、①→②→③→④のサイクルは、時間をかけずに何度も回したほうが良いデザインとなるが、③→②、④→③のようにサイクルを戻っても構わない。

(b)最終製品の〝かたち〟の決定

デザインという言葉が、(b)「最終製品の〝かたち〟の決定」という意味で用いられるのは、インダストリアルデザイン（工業デザイン）の文脈である。工業デザイナーの主な役割は、望ましい将来のライフスタイルに基づく新たなデザインコンセプトに対して、「美観を備えたクオリティの高いかたち」を付与することである。

　美しいかたちの最終製品は、室内外において目立つモノとなる。一方で、それ以外の諸要素は背景に退いて目立たなくなる。その結果、目立つモノと目立たない背景との対比から成るうっとりする眺めを創り出すことができる。そういった眺め（景観）は、自分の役割を大胆に演じるためのオペラの舞台のようであれば理想的ではあるが、そうでなくとも、電柱などの視覚公害となるものを後ろに退けただけでも「眺めの良い暮らし」を実現することができる。

　なお、モノのかたちがそもそも美しいかどうかは、「私たちの工業のシステムが形としてより良い世界を造るのか、あるいは失敗する運命にあるのかという事柄にかかわる政治的な大問題」[7]である。そのため、コンセプトに対して美しいかたちを与える工業デザイナーの責任は大きい。工業デザイナーのミッションの1つとして、芸術作品のような工業製品を普段から用いる暮らしを人々に提供することが挙げられる。

そういった暮らしに人々が幸せを感じるのは、美観を備えた工業製品がもたらす美しい眺めを室内外で楽しむことができ、また、美術館に行かなくとも自宅で芸術作品のような工業製品（日用品）に常日頃触れることができるという、美的な体験を味わえるからである。

なぜ芸術作品のような工業製品に囲まれた暮らしが幸福だといえるのだろうか。それは、芸術作品には次のような2つの性質があるからだ。1つは、芸術作品には、「今」「ここに」しかない1回限りの特有の輝き（ドイツの思想家W・ベンヤミンはこれをアウラと言った）があるため、産業社会がもたらす大量生産・大量消費の中で生きる自分の生にも1回限りの輝きがあることを再確認できることである。[8] もう1つの性質は、芸術作品が孕《はら》む、ユートピアを感じさせるような彼岸にあるリアルなもの[9]に触れることで、生を活性化（リフレッシュ）する効果を得られることである。そのため、最終製品の〝かたち〟が美的なものとして決定されることには大きな意義があるのである。

このように、(b)「最終製品の〝かたち〟の決定」（伝統的な工業デザイン）という文脈で用いられるデザインは、芸術作品の美的価値を工業製品に移すという点を特徴とする。

ここで、(a)ビジネス上の問題解決（アメリカのデザイン思考）と(b)最終製品の〝かたち〟の決定（伝統的な工業デザイン）について、比較を試みる（10～11ページの表1―1）。

デザインプロジェクトの目標（第一優先順位）は、(a)アメリカのデザイン思考では、問題解決であるのに対し、(b)伝統的な工業デザインでは、かたちの美である。

プロジェクトのプロセスも両者は異なり、(a)アメリカのデザイン思考では、失敗を即座に修正できるようにプロトタイプを安く早く作る一方で、(b)伝統的な工業デザインでは、模型制作職人（モデラー）が芸術作品としての模型（工業製品の雛型《ひながた》）を丁寧に制作し、そのアウラを工業製品に移転する。言い換えれば、(a)アメリカのデザイン思考では職人とデザイナーとの協業は前提とされていないのに対し、(b)伝統的な工業デザインでは職人とデザイナーの協業は普通に行われる。

フォーカスする対象（主体）も、(a)アメリカのデザイン思考ではユーザーであり、そのためプロジェクトに用いるツールも、カスタマージャーニー（ユーザーが商品・サービスの購入・再購入へと至るプロセスを行動・思考・感情面から図示したもの）などを用いる。他方、(b)伝統的な工業デザインでは、人間の周りにモノを配置して人間が心地よく暮らせるような場を創ることに、環境作りの専門家（デザイナー）が尽力するので、人間（ユーザー）中心主義ではなく場所（場）中心主義である。

また、ＩＴを含めたテクノロジーは、(a)アメリカのデザイン思考では、ユーザーにとって

	アメリカのデザイン思考	伝統的な工業デザイン
ITを含めたテクノロジーの役割	ユーザーにとって望ましい体験（UX）を設計するのに活用	かたちの美を実現するための手段
フォーカスする対象（主体）	人間（ユーザー）中心主義	場所（場）中心主義
対象となる産業	GAFA／ネットフリックス／IBM等のIT・サービス産業が主	家具・自動車等の物理的実体がある産業が主
付加価値の源泉	ユーザーの行動や好みの把握	デザイナーやアーティストの直観
マーケティングとの親和性	○ 特にサービスマーケティングとの親和性が高い。ITを前提にしたソリューション重視のマーケティングだと言える（ユーザー中心の設計）。	× ユーザーは美を知らず、知っているのは審美的成熟に達したデザイナーやアーティスト

＊将来のライフスタイルに関連しそうな写真やイラスト、そしてキーワードといった材料が貼られたポスターのようなもの

＊＊ユーザー自身に自分の日常生活を記録させ、デザイナーの着想を促す手法

望ましい体験（ユーザーエクスペリエンス＝UX）を設計するのに用いられる一方で、(b)伝統的な工業デザインでは、かたちの美を実現するための手段に過ぎない。対象となる産業も、(a)アメリカのデザイン思考では、IT・サービス業が主であるのに対して、(b)伝統的な工業デザインは、主に家具や自動車など物理的実体があるものである。

そして付加価値の源泉も、(a)アメリカのデザイン思考ではマーケティングとの親和性が高いユーザーの行動や好みの把握であるのに対し、(b)伝統的な工業デザインのほうは、審美的成熟に達したデザイナーやアー

表1―1　(a)アメリカのデザイン思考と(b)伝統的な工業デザインとの比較[10]

	アメリカのデザイン思考	伝統的な工業デザイン
プロジェクトの目標（第一優先順位）	問題解決 社会問題を含めさまざまな問題を解決するための企画を提案する。	かたちの美 芸術作品に触れるという美的な体験が普段の暮らしの中でできるように、芸術作品のような工業製品を日常生活で用い、またそういった美観を備えた工業製品が目立つような美しい眺め（景観）を室内外で創り出す。
プロジェクトのプロセス	特異なユーザー（リードユーザーや熱狂的ファン）をよく観察し対象となる消費者に共感しつつ、スピードアップのために問題解決に繋がる模型（プロトタイプ）を濫造したり、ユーザーにとって望ましい体験（UX）を設計したりする。	職人とデザイナー（芸術家）が協業し、芸術作品のような模型を模型制作職人（モデラー）が時間をかけて制作し、そういった模型が持つアウラを量産品としての工業製品に移転する。
プロジェクトに用いるツール	カスタマージャーニー、ムードボード*、カルチュラルプローブ**、プロトタイプ作成等	模型制作、ムードボード

ティストの直観である。

審美的成熟に達したデザイナーやアーティストが創った工業デザインの事例として、フェラーリの車を挙げることができよう。フェラーリは、芸術作品のような工業製品の典型であり、その流線美は、市場調査の結果から出現したものではない。ピニン・ファリーナという彫刻家の直観によって一時の流行ではないフェラーリの流線美

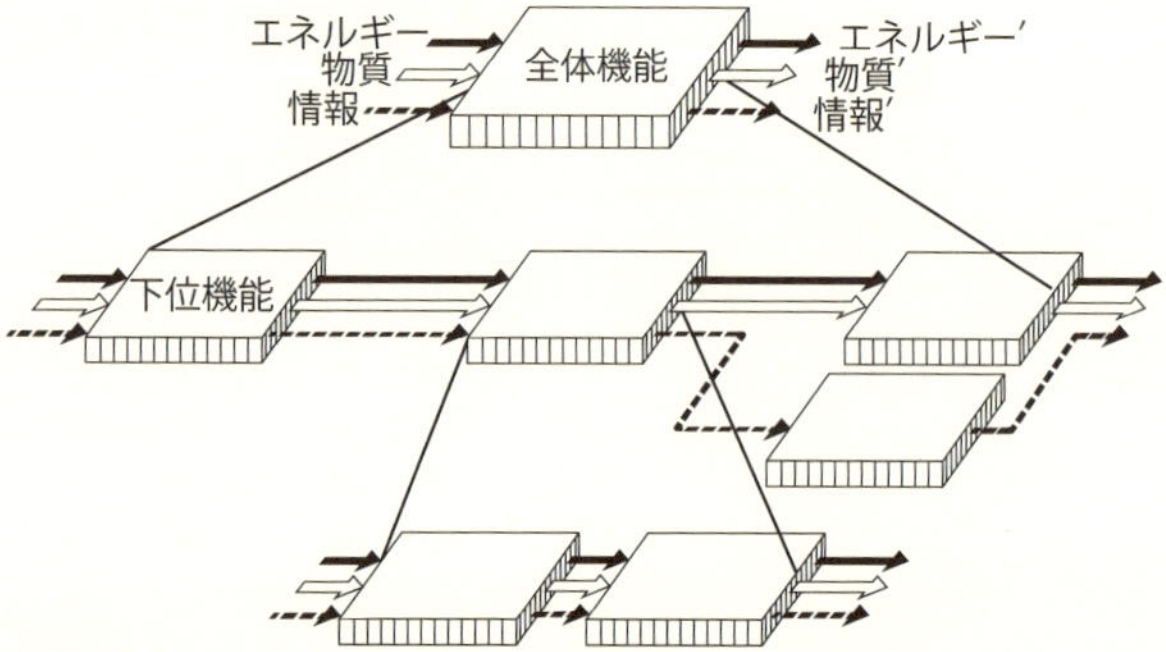

図1―2　タイルカーペットの梱包機械の機能構造[13]

はもたらされたと、デザイナーのジオ・ポンティは明言し、審美的な成熟に達していない公衆の好みに追随しても、芸術作品のような工業製品は作れないと指摘している[11]。つまり、公衆の好みに追随した製品に囲まれれば、暮らしの様相はたちまち卑俗化するのである。フェラーリは、マーケティングの市場調査に基づく〝かたち〟よりも、審美的成熟に達したアーティストが創った〝かたち〟のほうがはるかに商売になる事例である。このように、(a)アメリカのデザイン思考とは異なり、(b)伝統的な工業デザインのほうは、マーケティングとの親和性が低い。

(c)工学的設計

デザインという言葉を工学的な設計（たとえば機械設計）という意味で捉える場合、諸々《もろもろ》の機能を設計することになる[12]。図1―2は、エネルギー、物質、情報を変換

表1―2　機械の機能によって何らかの変換を加えられるエネルギー、物質、情報(14)

エネルギー	エネルギーの変換	例）電気エネルギーから機械エネルギーに変換
	エネルギーの成分を変える	例）トルクを増幅
	エネルギーを情報と連結	例）電気エネルギーをスイッチのOn/Offで切り換える
	エネルギーを伝達	例）動力を伝達
	エネルギーを貯蔵	例）運動エネルギーを貯蔵
物質	物質の変換	例）ガスを液化
	物質の寸法を変える	例）金属薄片を圧延
	物質をエネルギーと連結	例）部品を動かす
	物質を情報と連結	例）蒸気を閉じ込める
	物質を物質と連結	例）物質の混合や分離
	物質を伝達	例）石炭の採掘
	物質を貯蔵	例）穀物をサイロに貯蔵
情報	情報の変換	例）連続値を離散値に変える
	情報の大きさを変える	例）振幅を増加
	情報をエネルギーと連結	例）測定値を増幅
	情報を物質と連結	例）材料に刻印
	情報を情報と連結	例）目標値と実際値の比較
	情報の伝達	例）データ伝達
	情報の貯蔵	例）データベースに格納

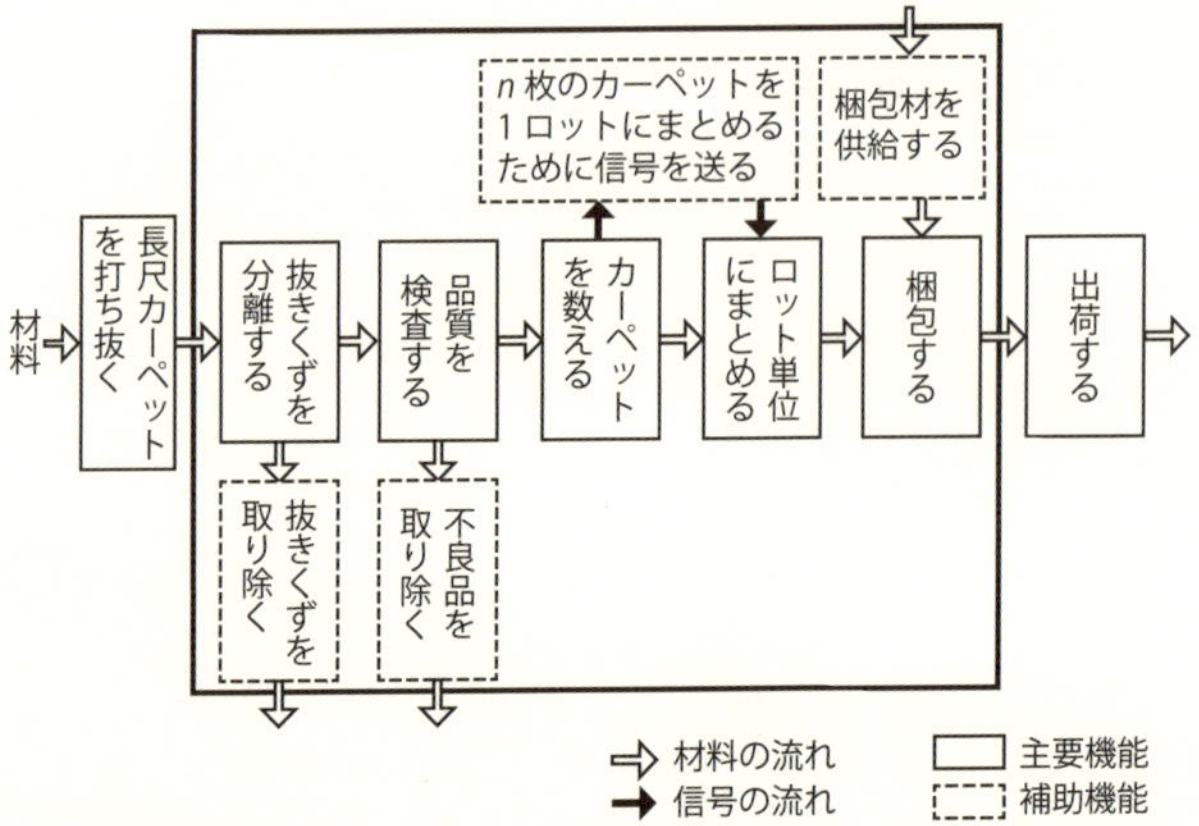

図1―3　デザインの対象である機械の機能を入出力変換系として眺めた図[15]

するものとして設計すべき機械の機能構造を表したものである。まず全体機能と下位機能に分け、入力されたエネルギー、情報、物質は、下位機能において何らかの変換を加えられ、別種のエネルギー、物質、情報として出力される。ここでエネルギーとは、たとえば、熱、電気、光、力などであり、物質とは、気体、液体、固体である。そして情報とは、さまざまなデータである（表1―2）。なお、下位機能を実現するためには、下位機能の相互関係に加えて、物理法則および材料の性質も考えて、工学的な設計を進めていくこととなる。

　工学的な設計の例としてタイルカーペットの梱包《こんぽう》機械を考えてみる。図1―3は、長尺のカーペットから四角形のタイルカーペットを打ち抜いて梱包する機械の機能を表したものである（主要機能とは、全体機能に直接役立つ下位機能であり、間接的に役立つ下位機能を補助機能とする）。

その主要機能は、良品のタイルカーペットを選んでその数量を数え、あらかじめ決めておいたロット単位にまとめて梱包することである。補助機能として抜きくずを取り除く、不良品を取り除く、梱包材を供給する、といったことが挙げられる。このように全体機能を下位機能に分解して考えることで過剰な機能を持ったデザインを避けることができる。

2　デザイン経営の特徴

中心は最高デザイン経営者（CDO）

デザイン経営とは、デザインプロジェクト中心の企業活動がなされることである。図1―4で右上の円が示しているのは、デザインプロジェクトの進行であり、他方、左上の四角形は、通常の企業活動を示している。

デザインプロジェクトの進行を表す円では、まず先に述べたようなデザインプロジェクトの実践が行われる。それに続いてマーケティング業務が行われ、次にデザインプロジェクトに必要なテクノロジーの探索が、引きつづいてプロジェクトに必要な物資の購入に関する意

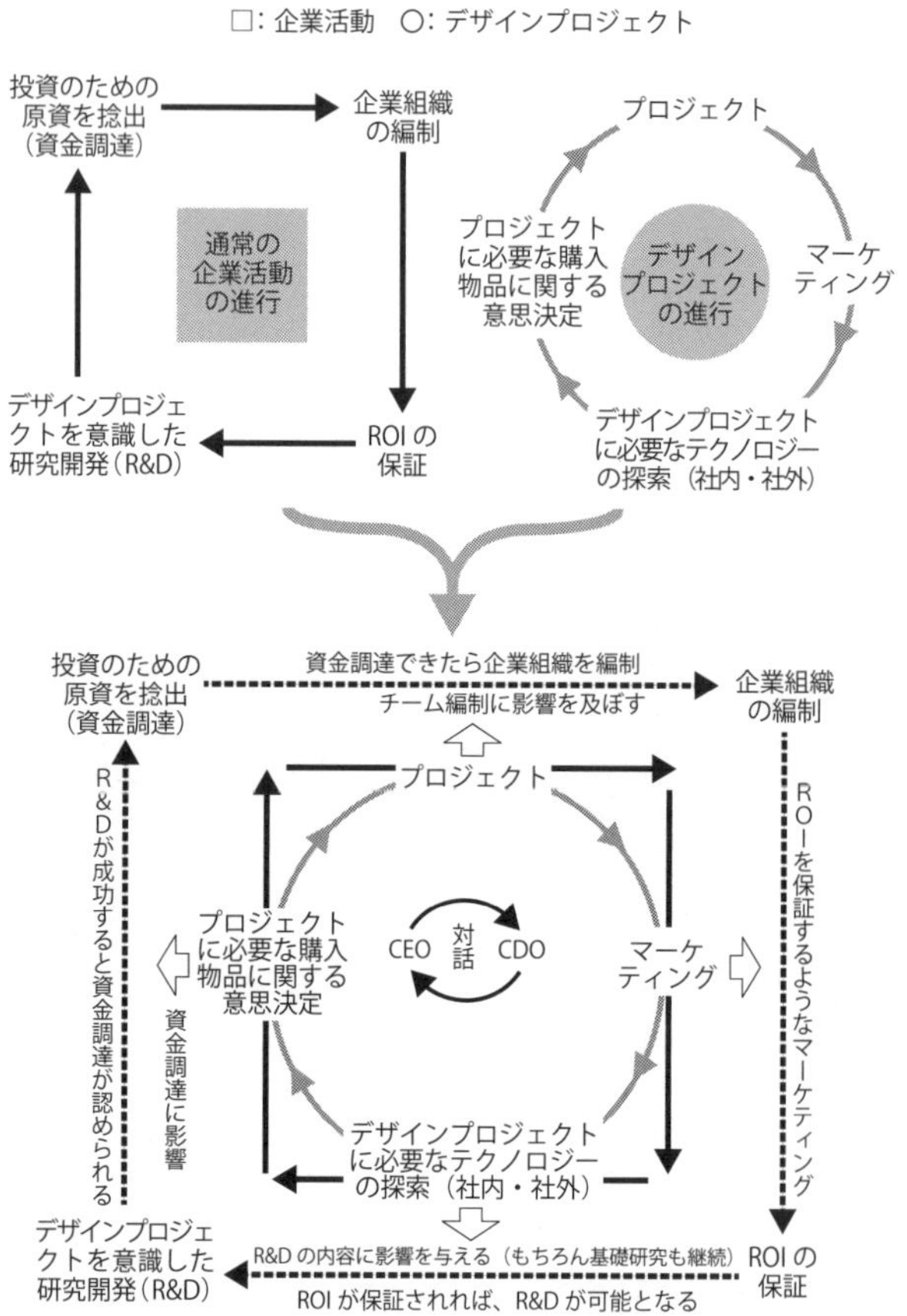

図1—4　デザイン経営を実践しているエクセレント・カンパニー(16)

思決定が行われることを示している。他方、通常の企業活動の進行を表す四角形は、投資のための原資が捻出された後に企業組織（チーム）が編制され、次に投資収益率（ROI）の保証とデザインプロジェクトを意識した研究開発（R&D）がなされることを示している。

デザインプロジェクト（円）と通常の企業活動（四角形）を統合する（図下部）ことで、デザインプロジェクト中心のエクセレント・カンパニーになることができる。ここではまず、デザインプロジェクトを走らせるための企業組織の編制が行われ、次にROIを保証するようなマーケティングが行われる。さらにプロジェクトに必要なテクノロジーを意識したR&Dが行われ、最後にプロジェクトに必要な物資を意識した資金調達が行われる。こうすることで、プロジェクトの円滑な遂行のために各部門が協調するという長所が生まれる。

将来ビジョンを構想する

デザイン（design）という言葉は、一般に、意匠、考案、設計、図案、計画、意図といった意味で使われることが多いが、デザインプロジェクトは、将来のことを心に描いて先取り的に実現するという、envision あるいは envisage という言葉の持つニュアンスを備えている。だからデザインプロジェクト中心の企業活動では、潜在的なトレンドに対する鋭い直観をもって、将来の生活様式を先取りして実現・構想する能力（将来ビジョン構想力）を備え

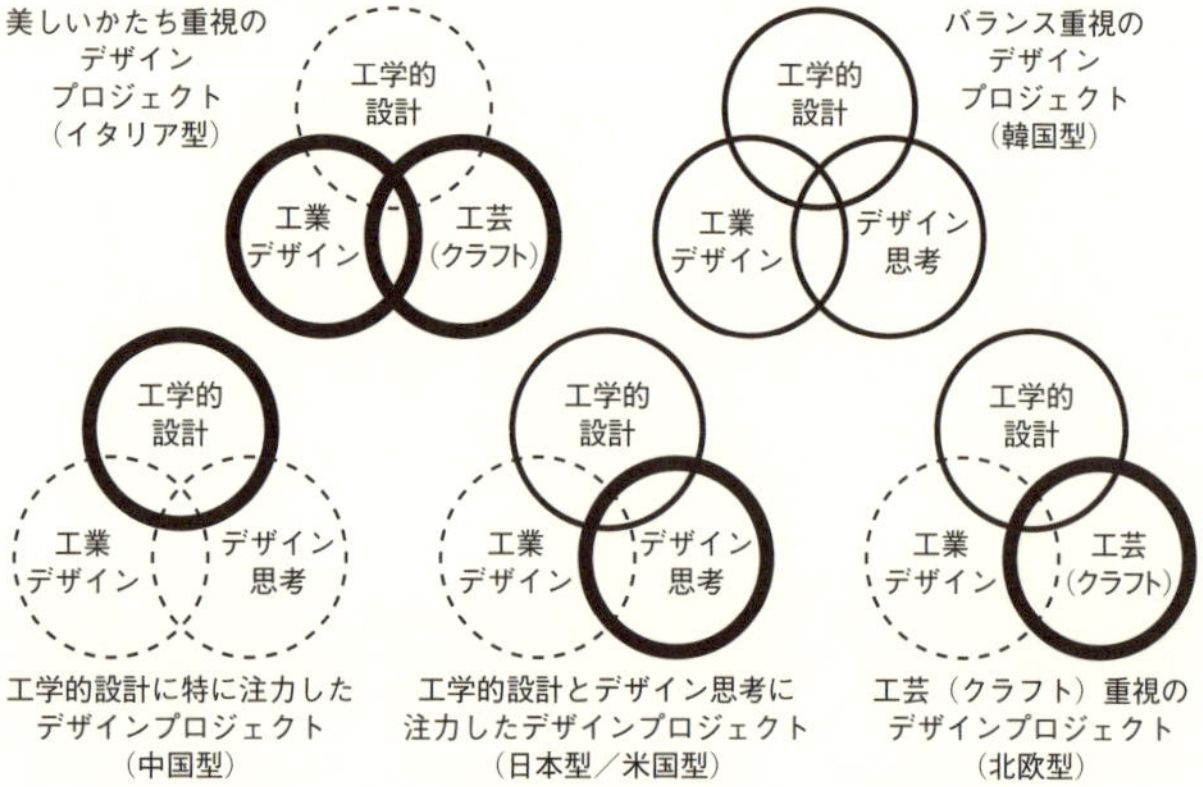

図1―5　デザインプロジェクトのタイプと国別の傾向 (18)

ているデザイナーの果たす役割が大きい。デザイナーのミッションは、将来の生活様式の方向性について、幾つものシナリオを提案し、それを具体的なサービスや製品に落とし込むことである。

　もしデザイナーが、狭い企業内部のマーケティング部門を介してトレンド情報を把握するのではなく、もっと広く「社会」の内部に埋め込まれた存在として、ジェンダーや社会問題などを含む潜在的な社会トレンドと直接対峙《たいじ》することができるならば、将来の生活様式に対するビジョンをより深く、適切に直観することができる(17)。

　前節で述べたようにデザインという言葉には文脈に応じて3つの意味があり、それら3つの意味合いに応じてさまざまなタイプのデザインプロジェクトを考えることができる。図1―5は、そういったデザインプロジェクトのタイプと国別の傾向を掲げたものである。図1―4で示したようなデザインプロジェクト中心のデザイン経営を実践するには、図1―5で示すさまざまなタイプのプロジェクトを常時複数走らせることが望ましい。

各国別の特徴

たとえば韓国は、工学的設計・工業デザイン・デザイン思考の3つをバランスよく取り入れたデザイン経営を行っている。「革新的設計」を掲げる中国は、工学的設計を重視するデザイン経営を推進しているため、工学的設計の円が太い円となっている。他方、日本やアメリカではかたちの美を実現する工業デザインが弱いため、工業デザインの円は点線で示されている。イタリアや北欧のデザイン経営では、アメリカのデザイン思考を示す円の代わりに「工芸（クラフト）」の円を取り入れた。

これらを踏まえると、デザイン経営を導入する日本の企業がこれから手掛けるプロジェクトの候補としては、美しいかたち重視のイタリア型のデザインプロジェクト、バランス重視の韓国型のデザインプロジェクト、北欧あるいはスイスの高級時計産業のような工芸重視のデザインプロジェクト、といったものが挙げられよう。工学的設計重視の中国型を採用するならば、たとえばファーウェイのように、通信プロトコルについて深い知識を持ったエンジニアの給料を高くする必要があろう。[19]

デザイン経営という思想の誕生と変遷

「デザイナーに大きな権限を持たせてデザインプロジェクトのために企業活動が行われる」という意味でのデザイン経営は、イタリアの事務機器メーカー、オリベッティ社の戦前期や、1950年代のイギリスのコンランなどのデザインコンサルティング会社でも見られた。だが、その明確な定義は、はじめて『デザインマネジメント』というタイトルの書物を著したマイケル・ファーによってなされた。デザインコンサルタントだったファーは、1965年の『Design Journal』誌で「デザイン経営」を次のように定義している。

「デザイン経営の役割は、デザインの問題を定義し、最も適切なデザイナーを見つけ、納期内・予算内にデザインの問題をデザイナーが解決できるようにすることである。これは、デザイナーの仕事のあらゆる領域に当てはまるような、経営管理上意識して行われる業務である。[20]」

その後、時代が経《た》つにつれてデザイン経営を扱った論文のテーマが、企業のあらゆる活動に及ぶようになる（表1―3）。まず、デザインに付加価値を与える要素が、製品や品質といった具体的なものから、人道主義的側面や戦略的な会話といった、より一層抽象的なもの

表1―3　デザイン経営について扱った主な論文のテーマの変遷[21]

年代	1965-1992	1993-2005	2005-2014	2015-2017
デザインに付加価値を与える要素	美学、製品の差別化 品質 ユーザーの知覚	プロセス（異なる部門間での協調、問題解決）	人道主義的側面	戦略的な会話（問題の再定義とそれに応じた解決策の模索、ビジョン策定）
デザイン上の問題を解決する対象	製品・ブランド・サービス（企業が人為的に作るもの）	イノベーションマネジメント	企業内の業務の診断結果 社会や政治における変化（気候変動など）	デジタルトランスフォーメーション 誰もがデザイナーとしてデザインプロジェクトに参加
デザイン能力を醸成する部門	ダイレクトマーケティング 工場の操業・定型業務 広報	R&D 革新のための学際的なチーム	財務 人事	企業内のあらゆる領域
デザイン主導で立案する戦略	ブランドと企業のアイデンティティを創ること 企業のために利益を創り出すこと	新製品とサービスを創ること 革新のプロセスとその効果を改善すること	デザイン戦略を企業が意識するようになること 顧客志向と創造的な企業文化に向けての変革	社会の幸福を目的とするグローバルな文脈において、企業が持続可能となること

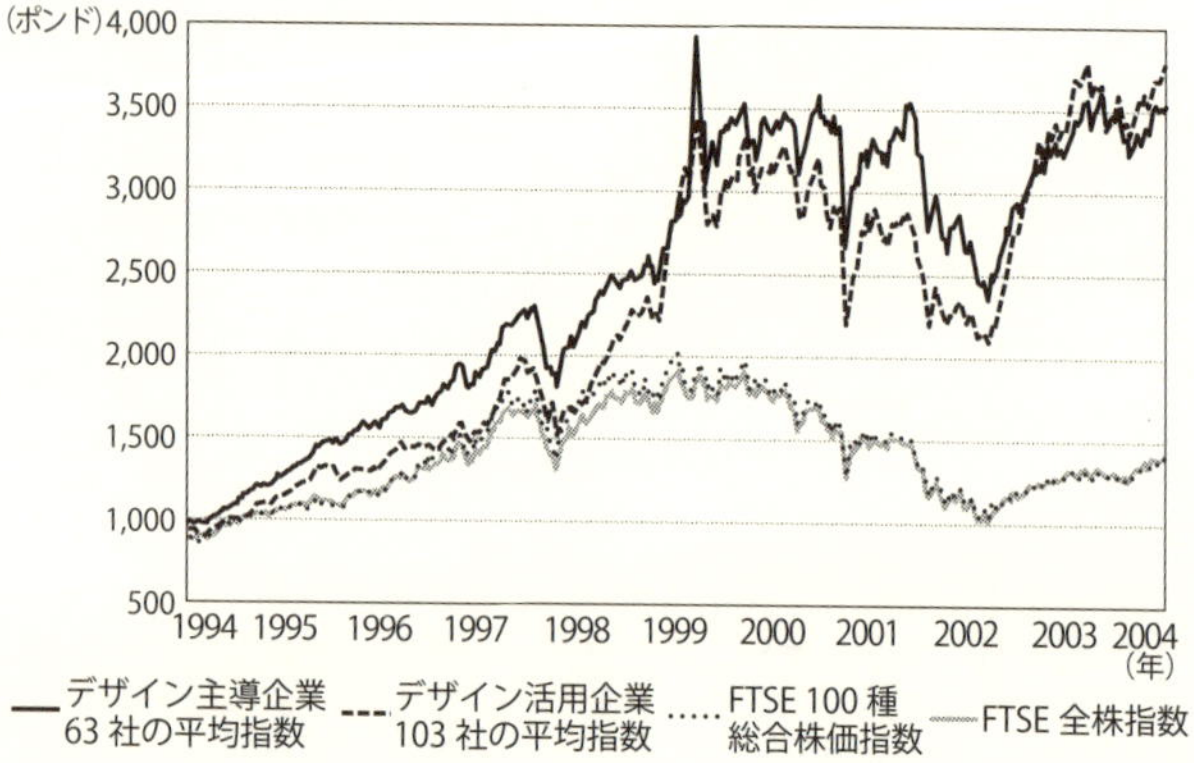

図1—6　ロンドン証券取引所のFTSE全株指数との比較[22]

へと移っていった。また、デザイン上の問題解決の対象も、具体的な製品やブランドから、気候変動に伴う社会・政治上の変化やデジタルトランスフォーメーションといった抽象的でヴァーチャルなものへと遷移していった。デザイン能力の醸成は、企業のあらゆる部門で行われるようになり、短期的な利益ではなく長期的な企業戦略の立案も、デザイン主導で行われるのが望ましいとされるようになった。

今日では、経営資源の1つとしてデザインを捉えるのではなく、デザインプロジェクトの成功を第一に考えて、財務・マーケティング・R&D・製造部門を機能させる傾向がますます強まっている。

デザイン投資の経済効果

デザインに投資することで市場平均と比べて2倍以上のリターンが得られることを各国の調査は示し

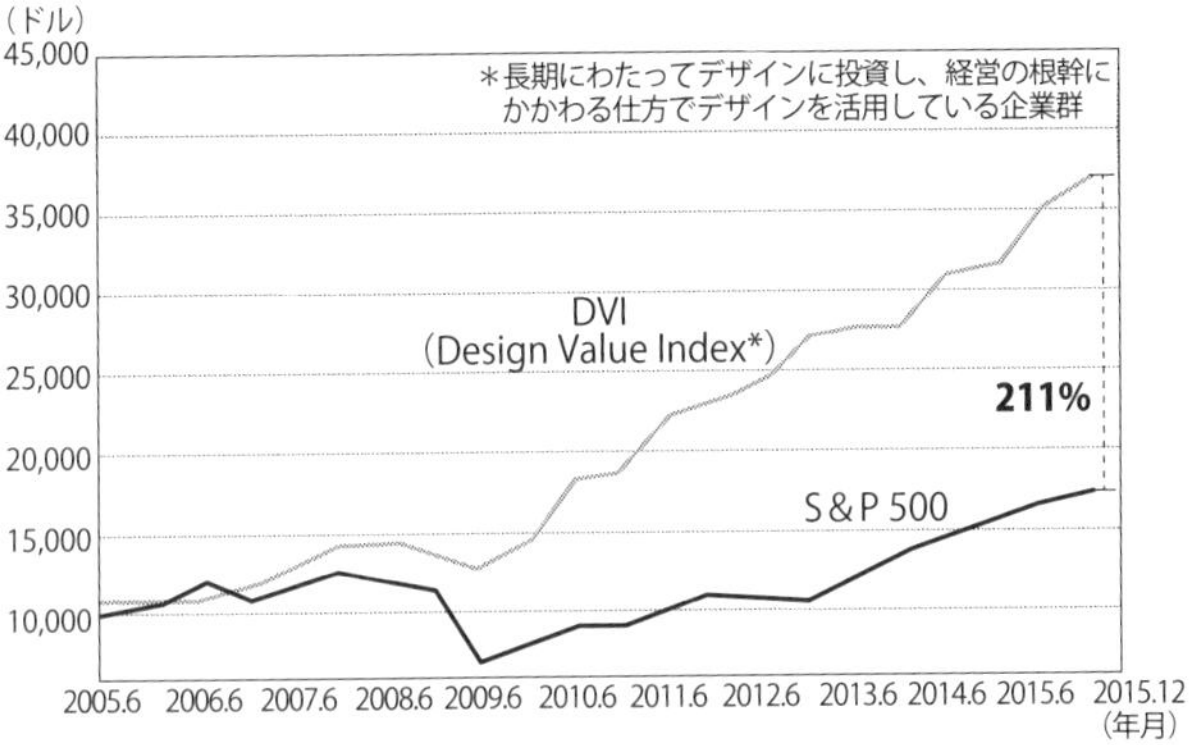

図１―７　S&P500株価指数との比較[23]

ている。たとえば図１―６は、１９９４年に、デザイン賞の受賞数が多い（デザイン主導）企業63社に１０００ポンド投資したら、10年後の２００４年には、ＦＴＳＥ全株指数（FTSE All-Share Index）と比べて２・３倍のリターンが得られたということを示している。また、図１―７は、２００５年にデザインを重視するアップルなどの企業へ１万ドル投資したら、10年後の２０１５年には、Ｓ＆Ｐ５００株価指数よりも２・１倍のリターンが得られたことを示している。

「はじめに」で述べたように、英国デザイン評議会は、１ポンドのデザイン投資に対するリターンとして、営業利益増４ポンド、売り上げ増20ポンド、輸出増５ポンドを期待できるという発表を２０１２年に行っている。[24]

デザイン投資に経済効果があるのは、企業トップ主導でデザイン重視の経営を行うことにより、見た目の美しいすっきりした〃かたち〃を備えた製品やユーザーインターフェース（UI）の優れたサービスが生まれ、それがユーザーに選ばれるからである。

デザイン経営の研究対象

「デザイン経営」の研究対象としては、⑴デザインプロジェクトのプロセス分析、⑵企業業績や消費者行動に対するデザイン投資の効果分析、⑶スティーヴ・ジョブズらのデザイン企業家のテイスト（趣向）の分析、⑷デザイナーが持っているデザイン哲学（設計思想）の解明、といったことが挙げられる。

まず、⑴では、デザインプロジェクトのプロセスを分析することで、デザインプロジェクトのどの局面で大きな付加価値が製品に加えられたかが判明する。ファッションならばデザイン途中のスケッチを分析することで、インスピレーションの源泉が明らかとなる。これは、最終製品だけを眺めていても、当初のデザインコンセプト、携わったデザイナーが持っているデザイン哲学、デザインプロジェクトの紆余《うよ》曲折《きょくせつ》といったことは分からないからである。
⑵については、どういった条件（状況）ならば、デザインに投資することで効果が得られるのかが分かる。⑶を分析する理由は、デザイン企業家が、公衆のテイストを一層洗練された

ものへと導くミッションを担う文化的なリーダーだからであり、たとえばスティーヴ・ジョブズやバルミューダ社長の寺尾《てらお》玄《げん》は、自らのミニマリズムの美学（テイスト）に基づいたクールな製品を世に送り出している。⑷に関しては、デザイン経営では、各々のデザイナーのデザイン哲学が製品に反映されるため、デザイナーによる自伝やインタビューに答えたさいの証言も分析する。

本章でデザイン経営の概略について説明したので、次章ではイタリアを例にして、さらに少し詳しくデザイン経営の具体例についてみてみよう。

第2章

美しいかたちが良い眺めをもたらす

イタリア

衣食住の面で世界で最も高い生活の質（ＱＯＬ）を享受するイタリアは、「日常の必要品を転じて芸術作品とする」[1]というウィリアム・モリスの理想を実現した国である。図２―１は、イタリアのデザインプロジェクトの特徴を示している。これは、日本型やアメリカ型のデザインプロジェクトの特徴（図１―５）における「デザイン思考」を、「工芸（クラフト）」に入れ替えたものである。

工芸という要素は、デザイナーの求めに応じて、職人が工業製品の雛型である模型を制作するということであり、この職人とデザイナーの協業によってイタリアは、工業デザイン大国として、彫刻作品のような美しい〝かたち〟を備えた工業製品を製造してきた。

1　友人を迎え入れる場となったキッチン――バルクッチーネの事例

キッチンデザインの３つの軸

デザイナー兼企業家であるガブリエレ・チェンタッツォが１９８０年に創業したキッチンブランドのバルクッチーネ社[2]は、人間工学に基づくと同時にリサイクル可能なキッチンというコンセプトを掲げ、現在では世界中に370以上のショールームを有する。

「偉大な文明においてはあらゆるものが無意識のうちに芸術作品[3]」であるとジオ・ポンティが述べるように、工業製品としてのキッチンも芸術作品とみなされる。図2—2は、キッチンのデザインプロジェクトの基本的な考え方を記したものである。「キッチンの機能を隠して目立たなくする⇕隠さない」、「キッチンの機能を1ヵ所に集める（機能を集中）⇕集めない（機能が拡散）」、「リビングと連続したオープンスペースのキッチン⇕非オープン型キッチン」、という3つの対立軸を用いてプロジェクトの狙いを定めることができる。

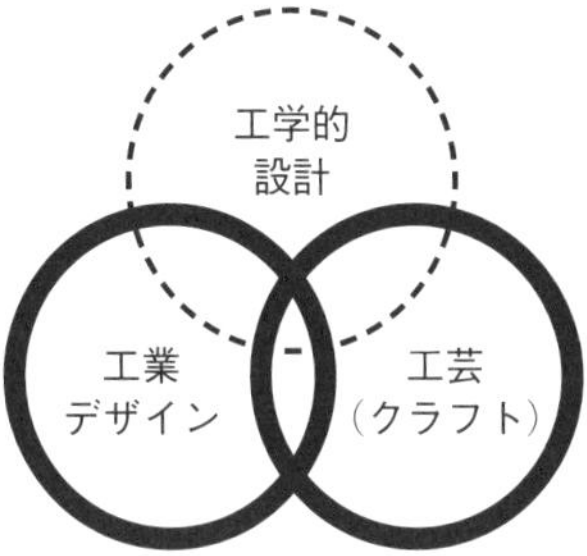

図2—1　イタリアのデザインプロジェクトの特徴

美しい眺めのキッチン

図2—3は、3つの軸それぞれについて、リビング・キッチン—キッチンの機能集中—キッチンの機能を隠す、というコンセプトに基づくバルクッチーネ社のキッチンである。

このキッチンが示しているのは、リビングとキッチンの完全な一体化（融合）である。キッチンの設備はことごとく棚やスライドドアの向こう側に隠されていて目立たない

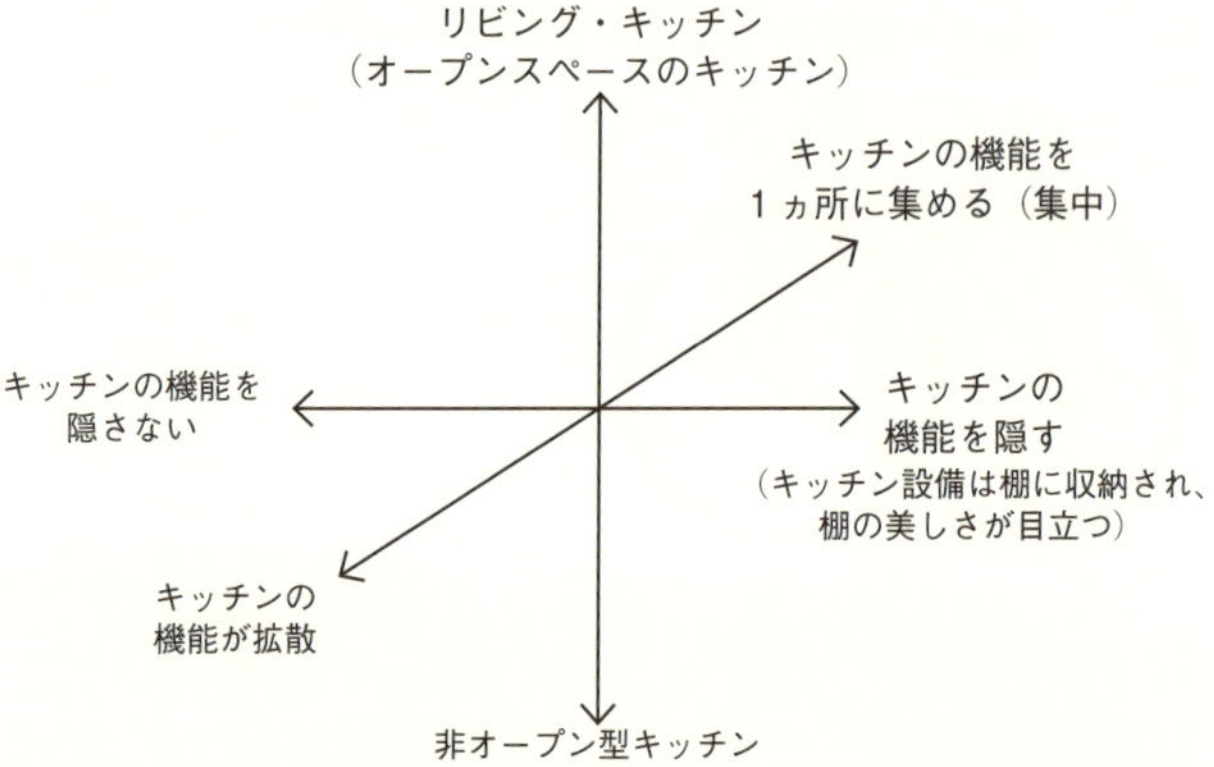

図2—2　キッチンのデザインプロジェクトの基本的な考え方(4)

図2—3　リビングとキッチンが完全に一体化（融合）したプロジェクト(5)

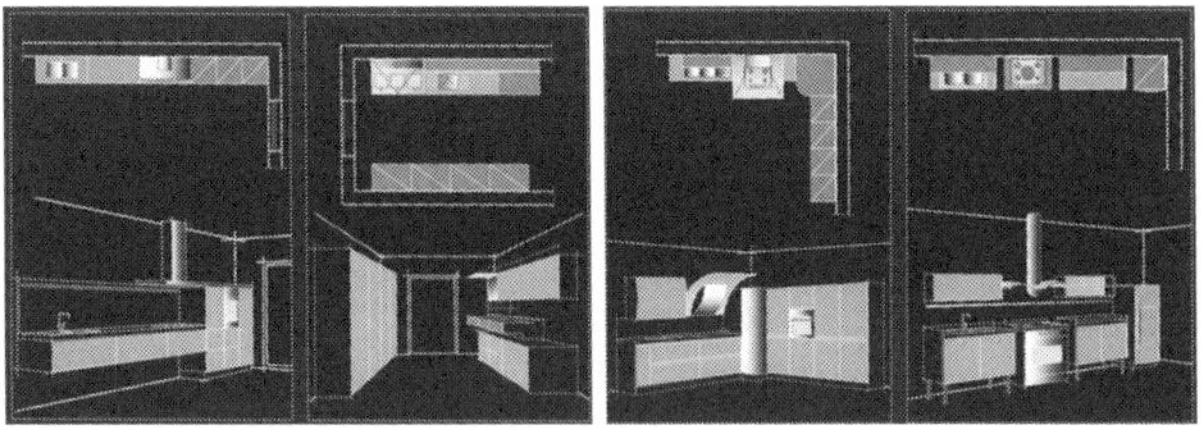

(a)直線型　(b)平行線型　(c)角にあるタイプ　(d)ブロック分割タイプ

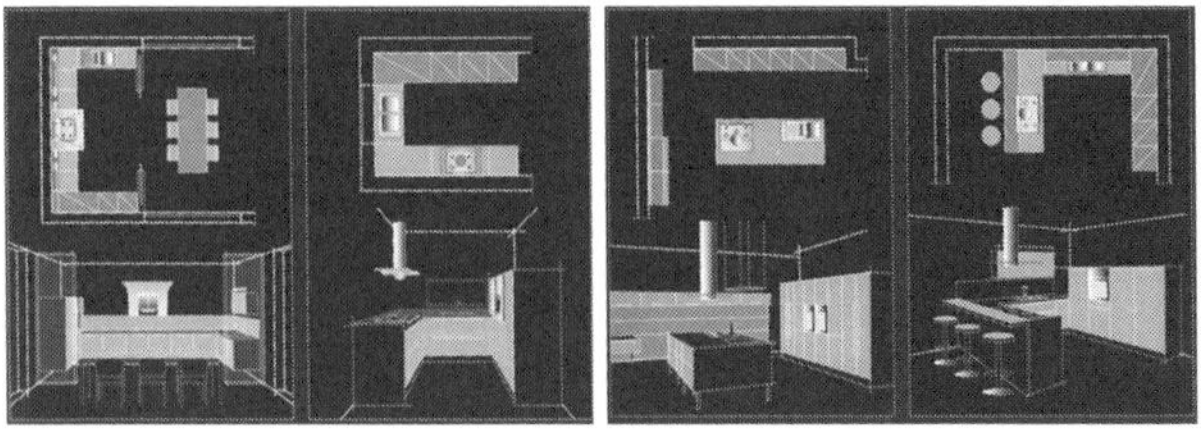

(e)C型　(f)U型　(g)島型　(h)半島型

図2—4　キッチンのタイプ分け(6)

（細かいところでは、蛇口も収納可能となっており、さらに、蛇口の形状もキッチン全体とのバランスを考えて直角となっている）。

図2—2を用いて新たなキッチンプロジェクトの大まかな位置づけを決めた後に、具体的なプロジェクトを走らせることとなる。まずキッチンのタイプ分けを考える（図2—4）。

(a)〜(h)のうち、キッチンの美観およびキッチンから見たリビングの良い眺めをもたらす、という点で最も望ましいのは、天井から吊《つ》り下げられたレンジフードを備えた(g)島型のキッチンである。さらに、同じ島型のキッチンでも下部に空間があって、向こう側を見通せるほうがすっきりとしていて洒落《しゃれ》ているとバルクッチーネ社は考えている（図2―5）。なお、すっきりとした眺めという点で、レンジフード同様、天井吊り下げ照明の採用も勧められる。

すっきりとした美しい眺めのキッチンを作るためには、レンジフード、シンク、冷蔵庫やテレビ等の家電、オーブン、テーブル、天井照明といった、キッチンを構成する要素の位置を決めてから、電源工事および配管工事をしなければならない。そうしないと、電源ケーブルやコンセント、そして配管、排気孔といった視覚公害をもたらすものが視界に入って来ることになるからである（図2―6）。

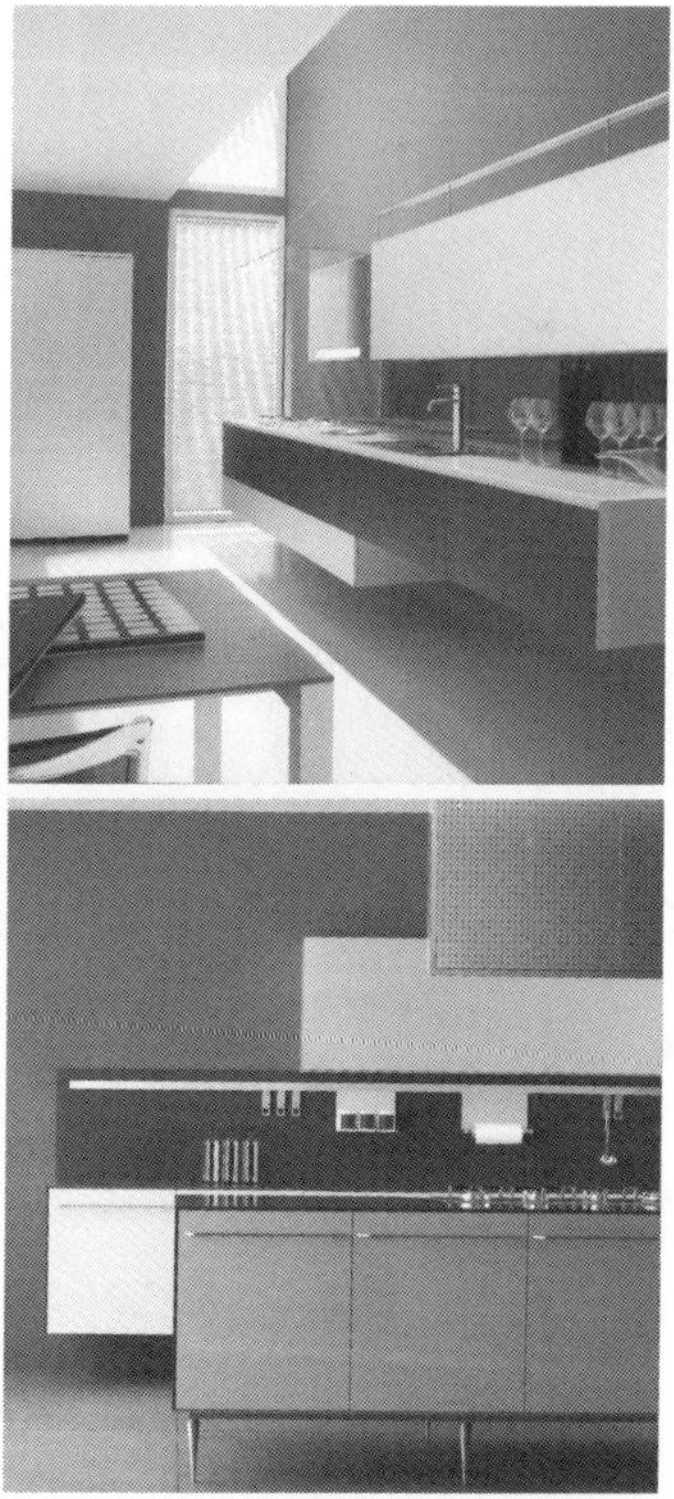

図2―5　良い眺めをもたらす、下部に空間があるタイプのキッチン(7)

テレビも、電源コードが存在しないような給電の仕方が望まれるのであり、電源コードの絡まりがあれば、うっとりするような舞台装飾としてのキッチンを実現できない（さらに言えば扉の取っ手もないほうがすっきりする）。要するに、電源工事や配管工事は最後に実施すべきものであって、この順番を間違えると美観を創り出すことはできない。どうしても配管が視界に入ってきてしまう場合は、何かで覆って目立たなくする必要がある（その場合は、天井が低くなって圧迫感を感じるようになるので、キッチン上部の高さを少し下げるほうがよい。図2—6下）。

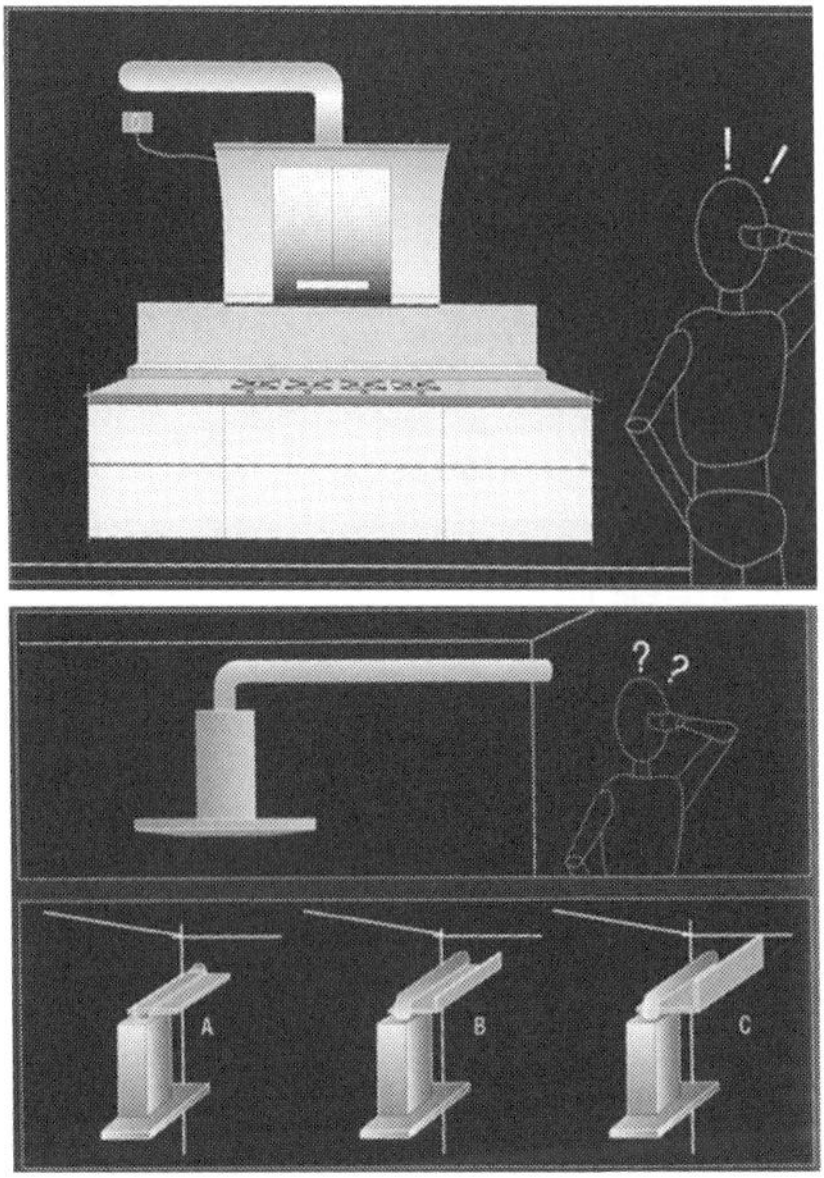

図2—6　キッチンの景観における視覚公害の例[8]

図2—7は、クオリティの高い〝かたち〟を備えたレンジフードの例である。

優れたかたちを備えたレンジフードは、目立つがゆえに、キッチンの景観を構成する重要な要素である。すでに述べ

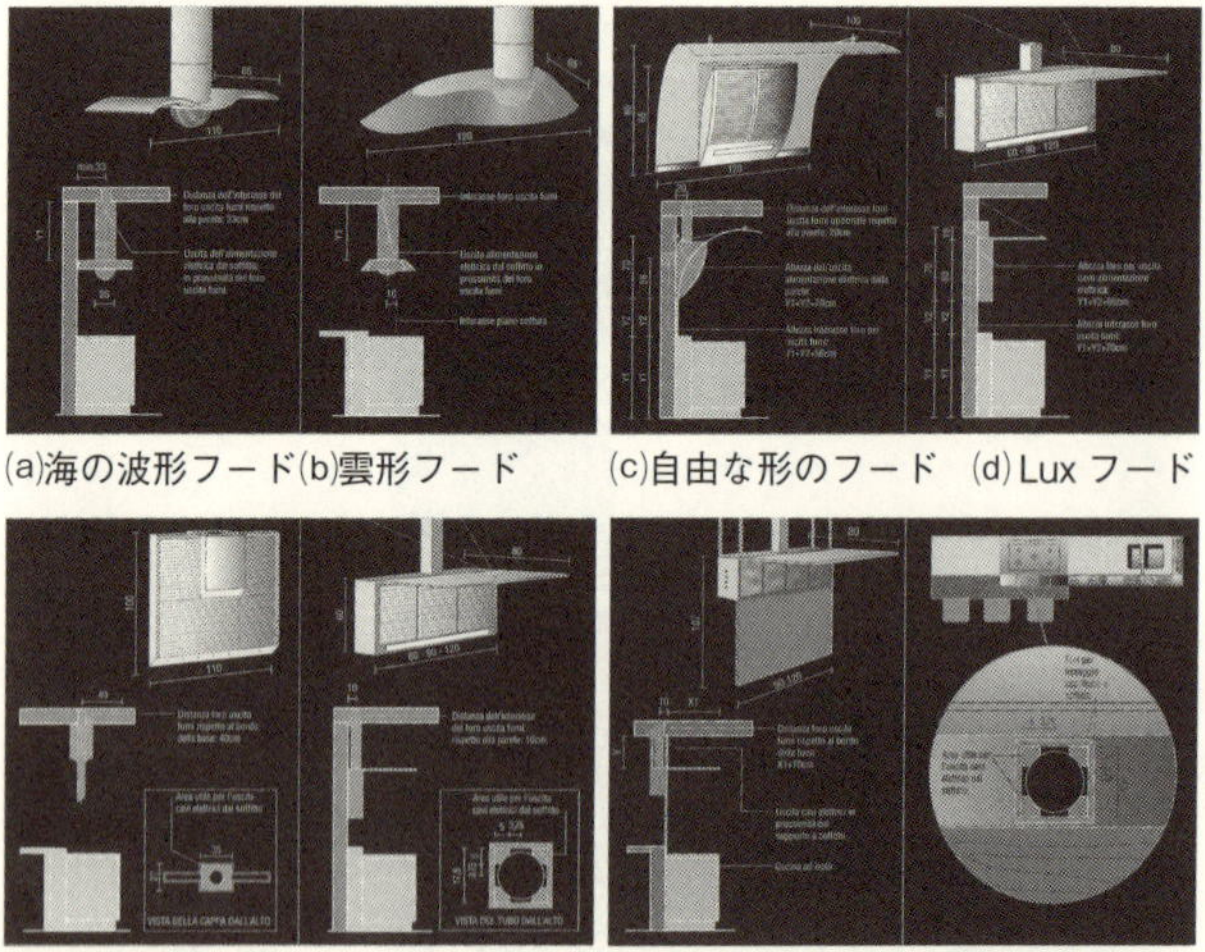

(a)海の波形フード (b)雲形フード (c)自由な形のフード (d) Lux フード

(e)直線形フード (f) P20フード (g) Vitrum フード (h)排気孔にケーブル配線

図2—7　レンジフードのかたちの探求 (9)

たように、優れた美観を備えたかたちには、そのモノ以外の諸要素を背景に退かせる効果があり、そういった仕方でうっとりする眺めを創り出すのがデザインの営みである。言い換えれば、目立つ美しいかたちと目立たない背景との対比関係を創り出すのがデザインである。

量産される工業製品からは一般的に詩情が失われているが、バルクッチーネ社のレンジフードや扉などには職人によるガラス工芸（象嵌《ぞうがん》技法）が用いられている。この点で、職人と協業しないウォルター・ドーウィン・ティーグやドナルド・デスキーといったアメリカの工業デザイナーらによるデザインとは対照的である（いわゆるIDEOのデザイン思考でも、アーティストとしての職人との協業を通じて、製品に詩情をもたらすことは等閑視されている）。アルヴァ・アールト、タピオ・ヴィルカラ、フランコ・アルビーニなどヨーロッパのデザイナー・建築家によると、真の工業デザインは、民族精神の表出、言い換えれば職人の手工芸の経験を（産業的あるいは近代的な仕方で）再錬成することであり、他方、技術至上主義に陥っている工学的な設計に拘《こだわ》るアメリカのデザインは、競争に勝つことによる市場独占や投機を目的としており、製品の美的価値を第一目標としていないので「資本家的なデザイン」であるとされる[10]。

自分仕様のキッチン

バルクッチーネ社のデザイン経営の特徴は、ユーザーにとって自分のテイストに合う唯一のキッチンとなるように、木彫り彫刻やガラスへの象嵌細工といった職人の手仕事を製造工程に含んでいることである。

それと同時に、扉・天板・骨組みなどキッチンの構成要素について１００％のリサイクルを可能にしたという点で、循環型経済の理念も具現化している。とりわけ持続可能かつ長持ちする素材であるガラスは、４０００～５０００年前から神秘を感じさせるものであるとともに、キッチンでのウェルネス（心身ともに健康な状態）を探求する創業者チェンタッツォのデザイン哲学を反映するものである（同社では1987年に世界ではじめてのガラス製キッチンを世に出している）。朝は黄色で日中は白色、さらに夜は青色となるような、日の巡りと同調するような照明の仕方を研究したのも、キッチンで作業する人のウェルネスを考えてのことであった。

数十年前、キッチンは好ましくない臭いがするので人目に触れないように隠すべき場所であったが、時代とともにリビングなど他の部屋との関連が生まれ、友人や客人を直接迎え入れる場所となった。その結果、友人や客人と会話したり料理をしたりできるような島型のキッチンが生まれ、今では誰もキッチンの壁に向かって料理することを望まなくなったのである。

2　階層から解放されるためのファッション——アルマーニの事例

ユーザーはドラマチックに振る舞う俳優

フランスやアメリカのファッションは、自らの社会的地位を確認するための手段である。(11)

一方で、イタリアのファッションは、釘付《くぎづ》けされた社会階層から自らを解放し、社会階層を上昇していくための手段、あるいは定められた一定の社会的役割を果たすことから自らを解放する手段である。衣服は、固定的なアイデンティティに囚われずに、何に変身してどのような新たな生を企図したいのか、どのような新たな人生の物語を始めたいのかという気持ちが投影される場所である。これは服を着る一般のユーザーを、消費者でもなく、市民でもなく、演劇的な舞台であるとみなされるこの世界の中でドラマチックに振る舞う俳優・女優と捉えることから導かれる。

アルマーニ社は１９７５年にジョルジオ・アルマーニによって創業されたアパレル会社である。アルマーニの服は、一般ユーザーがさまざまな社会的場面で自らの役割をドラマチックに演じることに特徴が合致しているという点で、極めてイタリアらしい既製服ファッションと位置づけられる。具体的には、外出したさいに着るかっちりとしたフォーマルな服と、くつろぐための部屋着の区別を取り払ったことで、彼の服は、朝昼晩いつ着てもいいし、老人が着ても若者が着てもよく、そしてまた女性に割り振られた社会的役割を男性が果たしてもよいので女性らしいとされるカラフルな色彩から成るスーツを男性が着てもよいということになる。というのも、彼の服には、「何かに変身したい」という気持ちが投影される場として幅広い可能性があるから、要するに、なりたい自分になれる服だからである。言い換えれば、彼の服は、社会の中での固定的な職務・役割ではなく、柔軟な職務・役割を提案し、自分が自由に任意の社会的職務・役割に同一化できるさまざまなパターンを提示する。そうすることで服が規定する慣習的で決まりきった役割を変え、振る舞い（仕草）の変容を促すのである。

上流階級を対象とする高級仕立服のファッションショーでは、結婚式や舞踏会といったハレの舞台を前提とした、「王女としてのモデル」が習慣的で定型的なパターンによって振る舞う。しかし、それらの動作をアルマーニは拒絶する。というのも、それらは中産階級のためのファッションにはなり得ないからである。アルマーニのファッションショーにおけるモデルの振る舞いは、現実離れしたものではなく、むしろ食料品売場で買い物をするような普通の人々の振る舞いに近くなる。

アルマーニテイストの確立

ファストファッション分野で典型的に見られる「クリエイティブディレクター」は、世界の各都市で話題になっているカフェや映画、そして着こなしといったさまざまな着想源（世界のトレンド情報）から、毎年異なる傾向の新作コレクションを発表する。一方で、アルマーニの場合、前年度の新作コレクションと今年度の新作コレクションの傾向はどこか似ているので、アルマーニらしさが表現されている。アルマーニテイストを確立したという意味で、自動車のデザイナーに近いようなスタイリストだといえよう（自動車でいえばファミリーフィーリングに相当する。次節参照）。

以下では、このアルマーニテイストが何から構成されているのかについて、そしてその由来について記す。

ニットメーカーを起業したオッタヴィオ・ミッソーニとロジータ・ミッソーニ夫妻は、服の質感を構想するさいに、アンフォルメル派の画家（ポンピリオ・マンデッリィやエンニオ・モルロッティ等）が描いた、厚みのある絵画表面のタッチをもっぱら参照した。だがそれとは異なり、アルマーニは時代を遡って、戦間期のハリウッド映画を参照する。具体的には、アルマーニが魅力的だとする女優は、禁酒法時代のギャング映画（フィルム・ノワール）に登場するグレタ・ガルボとマレーネ・ディートリッヒであり、不実な魔性の女（いわゆる「運命の女《ファム・ファタール》」）である。禁酒法時代のアメリカは、シカゴ・マフィアのギャングスター、株高、ブロードウェイの狂気といったことから構成されるアメリカンドリームが体現された、夢のような時代であった。それは神話的な時代であり、ファッションはこういった神話を反映する。フィルム・ノワールに登場する強い男の象徴であるハンフリー・ボガートがアルマーニにとって男性の理想像であった。

アルマーニの精神上の師であるココ・シャネルは、1931年に映画プロデューサーのサミュエル・ゴールドウィンによりハリウッドに招かれて、ガルボとディートリッヒ、そして

図2―8　アルマーニにとっては参照に値しないスキャパレッリの発明(12)

グロリア・スワンソンの衣装を手掛けた（たとえばスワンソン主演の『今宵ひととき』といった映画）。当時のアメリカ女性がこれらのファッションを真似《まね》たため、シャネルのアメリカ市場進出は成功した。アルマーニもシャネルが行ったことを反復し、ハリウッドに進出したことはよく知られている。

シャネルのデザインは女性向けのビジネススーツを胚胎《はいたい》していた。同時代のファッションデザイナーには、エルザ・スキャパレッリもいたが、スキャパレッリが考案した靴のような帽子や、ガラス製の服、そしてよく分からないポケットが付いたドレスなど（図2—8）は、とうてい普段着にはならず、アルマーニのビジネススーツの構想には役立たなかった。そのため彼は、スキャパレッリではなくシャネルの路線を受け継いだ。

アルマーニは、ローマの高級仕立服の世界だけでなく、パリの高級仕立服の世界からも距離を取った。というのも、パリにおけるクリスチャン・ディオールやクリストバル・バレンシアガのファッションショーにおいて、モデルの身体のラインの純粋さが失われる事態にアルマーニは我慢がならなかったからである。それらのモデルは、ひだ飾り、リボン、スカーフ、そしてマフラーを纏《まと》わされるので、身体のラインが隠れてしまうのである。

身体のラインを目立たせた「魔性の女」のモデルとしてアルマーニが想定したのが、成年漫画家のグイド・クレパックスが描く架空の女性「ヴァレンティーナ」である（図2—9）。

ヴァレンティーナの強調された細い脚は、セルジオ・ロッシ（靴のデザイナー）の友人であった写真家ヘルムート・ニュートンが撮った、フェティシズムの対象としての女性のスリムな裸の脚を思い起こさせる。

図2—9　ヴァレンティーナ（アルマーニが身体のラインを強調するさい、参考とした）[13]

図2―10　ダダイズムの伝統を踏まえたアルマーニのスケッチ[14]

スケッチから見る特徴

図2―10は、アルマーニのスケッチだが、服のパーツの組み合わせを通じて出来上がった衣装全体の下に、男を惑わす魔性の女としてのヴァレンティーナの身体が存在することを意識している、と解釈できる。アルマーニのファッションはユニセックスである、という評価は当たらない。彼は女性に服を着せるさい、いわゆる「女性らしさ」を保存しつつ、男性を睨《にら》みつけるような両性具有的な側面を強調したのであった。

図2―10で、アルマーニが生地の断片をスケッチの横にピンで留めて提示しているのは、そのスケッチがその生地によってのみ実現可能であることを示しているととも

に、とりわけクルト・シュヴィッタースなどのダダイズム文化との直接的関連を示している（アルマーニのスケッチの余白に貼付されている生地の断片は、多数の生地の断片を貼り付けたようなシュヴィッタースの絵を彷彿とさせる）。ファッションデザイナーのカール・ラガーフェルドやジャンフランコ・フェレなどのスケッチでは、このような仕方で生地の断片がスケッチの横にピン留めされてはおらず、アルマーニが芸術的なアヴァンギャルドに精通していたことが分かる。さらに柄の色調については、分析的キュビスム（ピカソやブラック）を彷彿《ほうふつ》とさせるリピート（送り付け＝柄を連続して繋げること）が見て取れる。こういった取り組みは、アルマーニ以後のクリツィアなどのスタイリストによって踏襲される。

そして、女性用スーツの色合いは、ビジネスシーンに合う、濃い茶色と地表の色（土気色と黄土色）、ねずみ色と黄土色の間といった狭い範囲の色調――淡くて軽く、そしてまた癖のない落ち着いた色調――とした。それまでは春には春らしい色というように色のパターンがシーズンによって決まっていたのだが、年中落ち着いた感じの色調としたのであった。それは女性服の色使いとしては画期的で、色調よりも構造やラインを目立たせるようにしたわけである。反対に男性服は、それまでの伝統を反転させ、女性らしく、派手でカラフルな色調とした。男性用のスーツは、高級仕立服（アルタ・モーダ）の文法から解放された自由な動きを許すものとなっている。

ファッションデザイナーのジャンニ・ヴェルサーチェは、自分がデザインしたジーンズを穿《は》けば誰でもジェームズ・ディーンに「変身」できると考えた。アルマーニのファッションも同じく、定められた一定の社会的役割とは別の役割を果たすことを可能にするファッション、言い換えれば、社会の中での固定的な役割からの解放とアイデンティティの変容を促すファッションだといえよう。さまざまなアート（映画・現代美術・写真等々）を着想源として参照したとしても、自分独自のテイストを創造できるデザイナーは少ないので、それを為《な》し遂《と》げたアルマーニは才能ある人ということになる。

また通説とは異なり、アルマーニが女性の解放（高度成長に伴うビジネスウーマンとしての経済的自立）を意図してアルマーニテイストを創造したわけではないことには留意しておきたい。1960年代のビジネスマンやビジネスウーマンは、ジーンズやカジュアルといった反骨ファッションとは異なる、ビジネスシーンに合致するファッションを求めていたのであり、ローマやパリの高級仕立服の世界がそのニーズに対応できないことから、新たなアルマーニテイストを創造したというのが実情である。

3　市場調査に勝ったピニン・ファアリーナ——フェラーリの事例

自動車のフォルムは未完成

自転車の歴史を振り返ると、ペダルのないものから極めて大きな前輪を持ったものを経て、三角形のフレームという構造的に安定した固有の美しいかたちに到達した。[15] 一方で、自動車はいまだにその構造と一致する完成した〃かたち〃に到達していない、とジオ・ポンティは述べている。[16] とりわけデザインの自由度が高い電気自動車では、構造的に安定した固有の美しいかたちを研究する余地が大いにあり、そのさい、粘土ではなく樹脂を固めたエポウッドを削って原寸大のモデルを制作するイタリアの事例は参考になる（エポウッドを使うのは、事故の際に搭乗者が保護されるように、クルマの外皮〔殻〕は甲冑のように硬いことが望ましく、そのモデル作成にも軟らかい粘土は用いられないためである）。

イタリアのカーデザインは、全体として躍動感を感じさせつつ、「諸々の量塊《マッス》（マッス＝3次元の容積感）の間でバランスを取ることを間違えない」[17] ような彫刻であり、そのボディは、19世紀末の作家・詩人であるガブリエーレ・ダヌンツィオの作品中で描かれた女性のように、滑らかだが熱を持った身体を模したものである[18]（他方、ドイツ人にとって車はゴツゴツした男性の身体である）(19)。たとえば、フレッシュな肉に対して陰嚢《いんのう》・乳首・臀部《でんぶ》・髪といった身体部品が付いたものとして身体を考えるならば、車の開閉式ヘッドライトは女性の睫毛《まつげ》として捉えることができ、そうすることで官能的なデザインが可能となる。そして女性の身体を模して完成した彫刻的なフォルムは、市場調査を通じて得られるものではない、という認識もイタリアのカーデザインの特徴である。この点に関してジオ・ポンティは次のように述べている。

「《公衆の好み》（それはよい好みとは何の関係もありません）の統計調査、検討を通じてこの美に達しうることはないということです。それは芸術家のようにただ一人で適切な直観、本質的なものに向かう天性を通じて到達するのです。（……）公衆の好みに対する配慮から出てくるものは（……）審美的成熟から生まれるのではなく、芸術には縁のない仮定のうえで公衆の好みに対する尋問から生まれるものであるため、審美的価値に達することがないのです。（……）「公衆の好み」に追従してかたちをこね上げるから、今日多くの製品と私たちの生活の様相がまさに卑俗化してしまっているのです。（……）美しいものは、審美的な生成による線はビジネスから生成したものよりも「もっと商売になる」ものなのです。（フェラーリのボディを創造したピニン・）ファリーナは（市場調査に）勝ったのです(20)」

フェラーリらしさとは

フェラーリ90のデザインプロジェクトを率いたカーデザイナーのエンリコ・フミアも、フェラーリの歴史上、市場調査によらずに現れた3つの傑出したモデルを再解釈して、フェラーリ90にフェラーリらしさ（フェラーリのファミリーフィーリング＝モデルが違っても当該ブランドらしさをユーザーに感じさせること）を付与している。これら3つのモデルとは、(1)アルド・ブロヴァローネが1965年にデザインしたディーノ206（parigi）、(2)ディエゴ・オッティナがデザインしたとされる1984年登場の512·iテスタロッサ、(3)フィリッポ・サピーノがデザインした1969年の512Sである（図2―11）。これら3つのモデルに共通する「フェラーリらしさ」を表現する諸要素は、(a)ディーノ206（parigi）に由来する波打つベルトライン、(b)（イタリアの自動車デザイン工房である）ベルトーネ社ではなくピニンファリーナ社に由来する楕円形《だえんけい》のフロントグリル（グリル）、(c)512Sに由来する滴あるいは円蓋のような繋《つな》ぎ目《め》のないガラス屋根、の3つであった。フミアはフェラーリ90をデザインするに当たって、ユーザーが即座にこれらの要素から成るフェラーリのファミリーフィーリングを感じ取れるように、1本で十分な波打つベルトラインを2本付けて、フェラーリらしさを強調している。

上記の3つのモデルおよびフェラーリ90は、市場調査に基づくものではなく、デザイナー

ディーノ206（1964年）

512i テスタロッサ（1984年）

512S（1969年）

フェラーリ90

図2―11　フェラーリ史上、傑出した3つのモデルとフェラーリ90[21]

の直観によるものだ。

　これに対して、アメリカの自動車会社はデザインに投資して長寿命のフォルムを実現するのではなく、マーケティングの論理に囚われてモデルチェンジを繰り返している、と美術史家のジュリオ・カルロ・アルガンは指摘する[22]。フォードの当初のモデル数は少なく、またモデルチェンジも頻繁ではなかったが、時代が下るにつれ、ゼネラルモーターズ（GM）などのアメリカの自動車会社は、新たなモデルを好ましく受け入れられるようにするためのマイナーな諸要素——デザイン上は本質的ではない些末《さまつ》な諸要素——を順次誇張してモデルチェンジを行うという、「スタイリング」の論理に従うようになった。これが、アメリカや日本の大衆車に長寿命のデザインがない理由である。しかしながら、今日あるものを明日古く見せる、計画された廃物化の技術(23)であるスタイリングは、最大限消費させ、最大限の利益を得ることを目的とした産業上のキッチュ（悪趣味）である。マイナーなモデルチェンジを繰り返すスタイリングの狙いは、1つ前のモデルを意図的に陳腐化させることであり、その結果としてユーザーは時代遅れを感じて欲求不満となり、買い替えることとなる。

デザイン経営の実践は、裏面ではこういったスタイリングの論理との決別である。要するに、短寿命の多数のモデルを製造するのがスタイリングであるのに対して、デザイン経営では寿命の長い芸術作品のような工業製品を作る必要がある。

フェラーリの強みは、参照に値する傑出した3つのモデルを換骨奪胎して、フェラーリらしさを訴える要素を新たなデザインに活かすことができるということであり、その裏面では、無駄なスタイリングを行わなくてもよいということになる。

4　イタリアのデザインプロジェクトの全体像

ここからはイタリアのデザインプロジェクト全体に通じるプロセスを探っていこう。[24]

モデラー・デザイナー・企業家の協業

表２—１は、『デザイン・ファクトリー（*La fabbrica del design*）』[25]という本の中に登場する、イタリアのデザイン企業家とデザイナーの一覧である。この本は、プラスチック家具メーカーであるカルテル社の創業者であるジュリオ・カステッリィが、他のデザイン企業家らに対して、デザイン経営の実態についてインタビューしたものであり、量産される工業製品の雛型として芸術作品のような模型を制作した職人（モデラー）の果たした役割が強調されている。メイド・イン・イタリーが成立した条件は、こういった模型制作職人とデザイナー、そしてデザイン企業家の三者間の協業であった。

図２—12が示しているのは、イタリアのデザインプロジェクトの具体的なプロセスである。以下で段階ごとに説明していく。

家具	ポルトロノヴァ	セルジョ・カミッリィ	エットレ・ソットサス、ガエ・アウレンティ、アンジェロ・マンジャロッティ、アドルフォ・ナタリーニ、マッシモ・ヴィニェッリ、アルキズーム
	カルテル	ジュリオ・カステッリィ、クラウディオ・ルーティ	マルコ・ザヌーゾ、フランコ・アルビーニ、ヴィーコ・マジストレッティ、フィリップ・スタルク、ジョエ・コロンボ
	ポルトローナ・フラウ	ジュリアーノ・モスコーニ	ジオ・ポンティ、ガエ・アウレンティ、ピエールルイジ・チェッリ、ファビオ・レンチ、ジョバンナ・タロッチ
	モルテーニ・グループ	カルロ・モルテーニ	ジャン・ヌヴェル、ティト・アニョリ、ルカ・メーダ、ロドルフォ・ドルドーニ
オフィス家具	ユニフォー	ジャンフランコ・マリネッリィ	ジャン・ヌヴェル、ピエロ・リッソーニ
	テクノ	パオロ・ボルサーニ	ノーマン・フォスター、オズヴァルド・ボルサーニ、マルチェッロ・ニッツォーリ
	アノニマ・カステッリィ	アントニオ・カステッリィ	ジャンカルロ・ピレッティ、エミリオ・アンバース
キッチン・浴室	ボッフィ	パオロ・ボッフィ、ロベルト・ガヴァッツィ	ジョエ・コロンボ、ル・コルビュジェ、ルイジ・マッソーニ、セルジオ・アスティ、セルジオ・ファーヴレ
	エラム	エツィオ・ロンギ	マルコ・ザヌーゾ、ジョエ・コロンボ、アレッサンドロ・メンディーニ
照明器具	フォンタナ・アルテ	カルロ・グリエルミ	ジオ・ポンティ、ピエトロ・キエーザ、マックス・イングランド、ガエ・アウレンティ
	ルーチェ・プラン	リッカルド・サルファッティ	パオロ・リッツァート、アルベルト・メーダ
	アルテミデ	エルネスト・ジスモンディ	メンフィス、エットレ・ソットサス、ミケーレ・デ・ルッキ、セルジョ・マッツァ
家庭用品	フロス	セルジョ・ガンディーニ、ピエロ・ガンディーニ	フィリップ・スタルク、トビア・スカルパ、カスティリオーニ兄弟
	アレッシィ	アルベルト・アレッシィ	アレッサンドロ・メンディーニ、エンツォ・マーリ

表2—1　イタリアのデザイン企業家およびデザイナー一覧（インテリア分野）

分野	企業名	企業家名	デザイナー／芸術家
家具	カッシーナ	フランコ・カッシーナ、ロドリゴ・ロドリゲス、アデーレ・カッシーナ	ヴィーコ・マジストレッティ、ジオ・ポンティ、フランコ・アルビーニ、ガエターノ・ペーシェ、ピエロ・リッソーニ、マリオ・ベッリーニ
	ガヴィーナ	ディーノ・ガヴィーナ	ルーチョ・フォンターナ、カルロ・スカルパ、トビア・スカルパ、カスティリオーニ兄弟、マルコ・ザヌーゾ
	ドリアデ	エンリコ・アストリ	フィリップ・スタルク、エンツォ・マーリ、伊藤豊雄、ロン・アラッド、ボジェック・シーペック
	フルー	ロザリオ・メッシーナ	トビア・スカルパ、マリオ・ベッリーニ、ヴィーコ・マジストレッティ
	ザノッタ	マルティーノ・ザノッタ	ガエ・アウレンティ、パオロ・ロマッツィ
	デ・パドヴァ	マッダレーナ・デ・パドヴァ	ヴィーコ・マジストレッティ、ピエールルイジ・チェッリ、アレキサンダー・ジラード、チャールズ・イームズ、メンフィス
	モローゾ	パトリツィア・モローゾ、アルベルト・ゴルターニィ	アントニオ・チッテーリオ、ロン・アラッド、喜多俊之
	カッペリーニ	ジュリオ・カッペリーニ	ジャスパー・モリソン、トム・ディクソン、マーク・ニューソン、倉俣史朗
	B&B Italia	ピエロ・アンブロッジョ・ブスネッリィ、レナート・プレティ	アントニオ・チッテーリオ、トビア・スカルパ、ロベルト・ポッジ（デザイナー兼家具職人）
	アリアス	カルロ・フォルコリーニィ、レナート・シュタウファッハー	ノーマン・フォスター、ジャンドメニコ・ベロッティ、マルヴィーナ・ボルレッティ、エンリコ・バレーリ、アルベルト・メーダ、マリオ・ボッタ
	マジス	エウジェニオ・ペラッツァ	リチャード・サッパー、ニールス・ヨルゲン・ハウゲセン、ステファノ・ジョヴァノーニィ

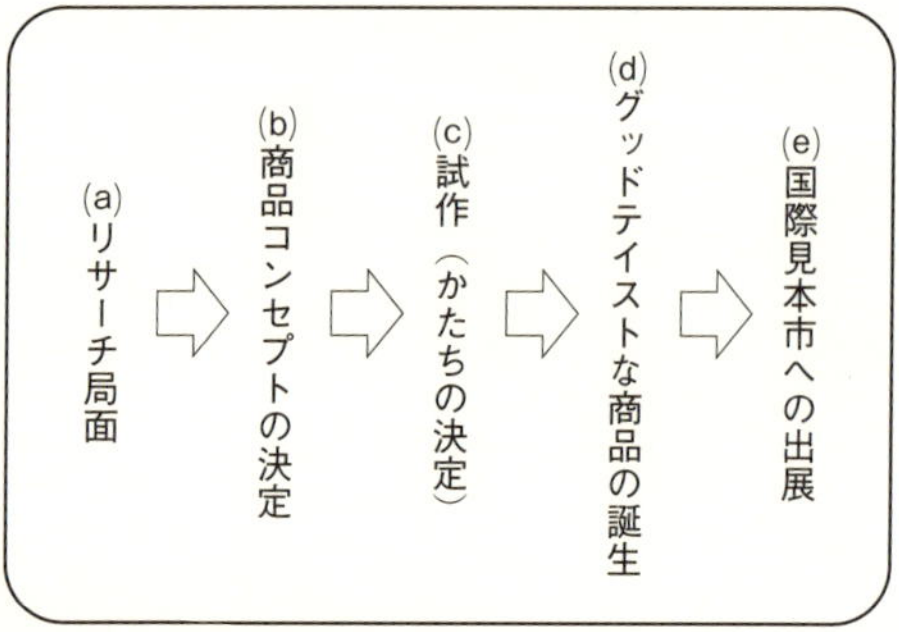

図2―12　イタリアのデザインプロジェクトのプロセス

(a)リサーチ局面

リサーチ局面とは将来のライフスタイルを予想する段階である。この段階でよく用いられるブルースカイリサーチ／ビジョナリーリサーチ（図2―13）とは、将来ビジョンの方向性を示すムードボード（将来のライフスタイルに関連しそうな写真やイラスト、そしてキーワードといった材料が貼られたポスターのようなもの）の材料を集めることである。将来の生活様式を先取りして実現・構想することはデザイン経営の重要な使命であるため、将来ビジョンの策定に時間と費用をかけることは重要である。

ブルースカイリサーチ／ビジョナリーリサーチの分析単位として、自動車や家具といった、ある特定の産業分野全体を選択するか、それとも自動車の座席シートや卓上照明ライトといった個々の製品を選択するかは、プロジェクト次第である。たとえば、自動車産業全体を分析単位とするならば、音楽・現代芸術・映画・文学・建築といった分野の文化の動向およびファッションや風俗の分野で自動車に関する社会

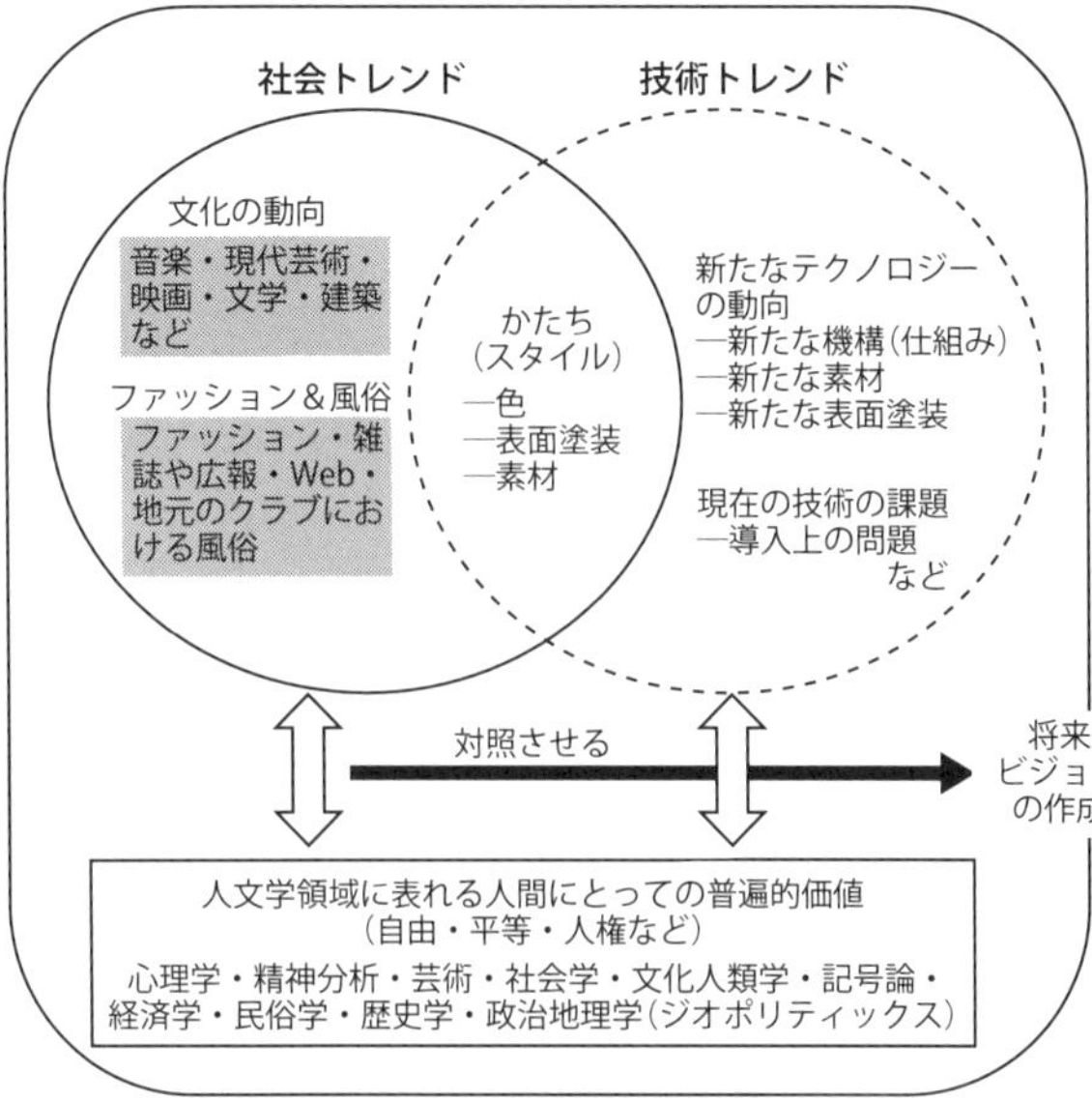

図２―13　ブルースカイリサーチ／ビジョナリーリサーチの概要――ムードボードを作成するための材料集めとそのマッピング

トレンドを示すようなイメージ写真を集める。社会トレンドの分析単位としては、「文化の動向」と「ファッション＆風俗」という分類ではなく、消費財（建築・デザイン・室内装飾・自動車・食品など）と文化産業（芸術、出版、映画・音楽産業、ショービジネスなど）という分け方をすることも可能である。

また、かたち（スタイル）・色・表面塗装・素材といった観点から、現在市場で流行しているイメージ写真を集め、その美学的特徴を押さえておくことも重要である。とりわけ、モノのかたちは、ユーザーの情緒を喚起し、当該製品の象徴的な意味作用を持つがゆえに購買を決定する要素となると考えられるため、かたちの系統的整理は重要である。さらに、将来採用するかもしれない新たなテクノロジーの動向や、現在の技術の課題などもイメージ写真としてボード上に貼付する。こういった技術トレンドを収集するさいには、自動車以外の産業（船舶や繊維など）も視野に入れて行う。というのも、ヨットの居住性を向上させる技術は自動車にも採用可能であるかもしれないし、繊維産業での新技術も同様の可能性があるからである。

デザイン志向の将来ビジョンを描くためには、収集した社会トレンド・技術トレンド（イメージ写真群）と、自由・平等・人権といった人間にとっての普遍的価値とをすり合わせる必要がある。そして、そのような普遍的価値が任意の社会トレンドを通じて現代風に表現されているかどうか、言い換えれば、流行に左右されない普遍的な価値が、文化を牽引《けんいん》する支配集団が形成する主流トレンドにおいてさまざまな仕方で表現されているかどうかをチェックし、将来ビジョン策定に活かすのである。なお、この将来ビジョンは、個々の消費者に対する市場調査を活用しないという点で、デザイン志向の将来ビジョンである。

(b)商品コンセプトの決定

ビジョナリーリサーチを通じて定まったライフスタイルの将来ビジョンに基づき、具体的な製品やサービスのコンセプトが定められる。このフェーズでのツールとして、イタリアのデザインプロジェクトで必ずと言ってよいほど頻繁に用いられるのが「多重ドーナッツ（円）グラフ」である。特に食器などのハウスウェアメーカーであるアレッシィ社の「成功の公式」が有名である（図2―14）。

公衆の反応を理解することを目的としたこの公式を構成するパラメーターは、(1)感性―記憶―イメージに関わるもの、(2)コミュニケーション―言語活動に関わるもの、製品の(3)機能、(4)価格であり、各項目について経営陣によって5段階評価されるが、重要なのは(1)と(2)である。

感性―記憶―イメージに関わる(1)は、要するに製品の美しさ（bellezza）を評価するものである。さまざまな記憶やイメージを喚起しつつ、五感を刺激して「美しい」と感じさせるようなメッセージを製品は発しており、公衆は、思った以上にこのメッセージを感知し、そしてこのメッセージに浸ることができるというのが、(1)の美的分析の前提である。

さらに、製品が発するメッセージは直接的であり、また、誰にでも理解できるという点で民主的で、国境を越えて理解できるので普遍的でもある。コミュニケーション―言語活動に関わる(2)は、製品がコミュニケーションの道具として用いられる程度を測るもので、これは

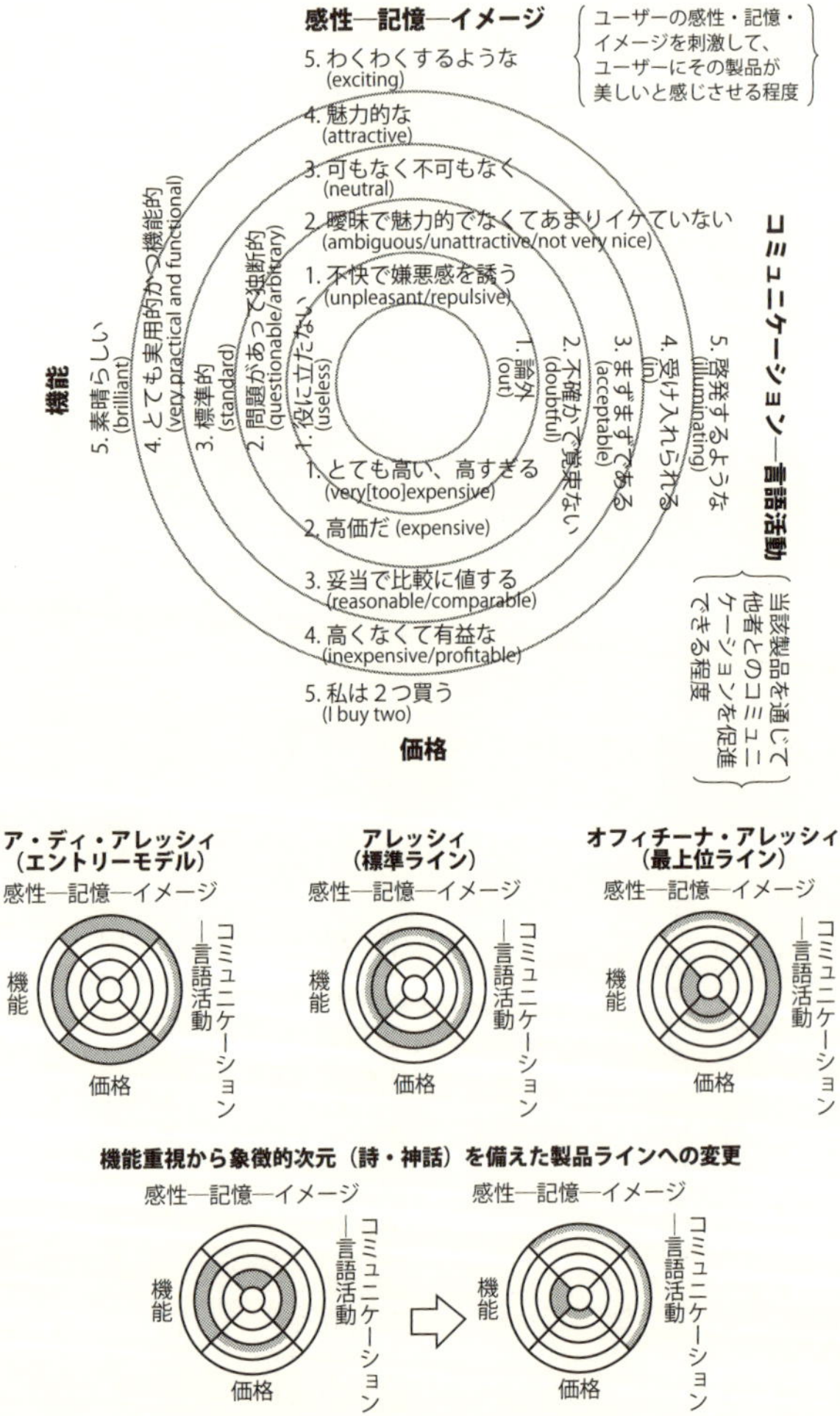

図2―14　成功の公式（アレッシィ社）(26)

ファッションを考えてみると分かりやすい。着る服の選択は、湿度や気温に応じて行われるだけでなく、どのように他人から自分が見られるかということも意識して行われる。衣服という製品を介して、自分のアイデンティティを他者に開示するような側面を分析するのが(2)である。個々の製品は、それが（周りの人々に）自分のテイストを示し、人々の間で下からの趣味の洗練を引き起こす場合にのみ「5. 啓発するような」という評価を受ける（下からの趣味の洗練とは、支配層である貴族階層から下の階層に向かってこれ見よがしに趣味が押し付けられるのではないという意味である）。

(3)の機能のパラメーターは、その製品カテゴリーの雛型（典型的な製品）と比較して、対象となる製品の機能性を評価するものである。たとえば、エスプレッソ・メーカーを製造する場合、その機能性を古典的な八角形のアルミ製のエスプレッソ・メーカーと比較する必要がある。この次元も5段階に分かれており、あるモノの機能性が「倒錯的」である場合、つまり正しく機能しない場合、そのモノは「1. 役に立たない」と評価される。機能的に「素晴らしい」ものは「5. 素晴らしい」と評価される。

そして最後のパラメーター(4)は価格であり、消費者がその製品の価値に対する価格を評価し「2つ買います！」と言えば「5」の評価が付く[27]。

ちなみにアレッシィ社の最上位ラインであるオフィチーナ・アレッシィは、(3)機能・(4)価

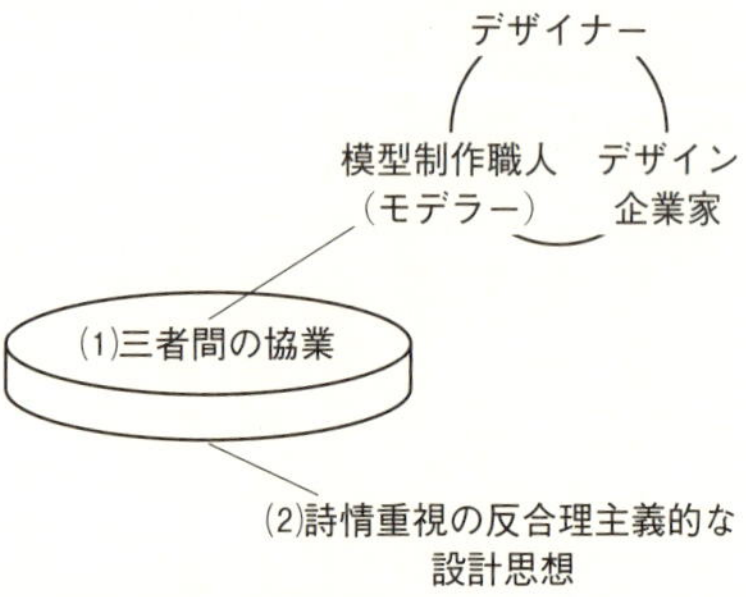

図2—15　メイド・イン・イタリーを成立させた協業体制および設計思想

格の次元が重視されない代わりに、(1)の美の次元と(2)のコミュニケーションの次元を突出させることで、高価格帯としている。他方、お手頃価格でアレッシィの世界を感じられる製品ラインがエントリーモデルのア・ディ・アレッシィである。その中間に標準的な製品ラインであるアレッシィがある。なお、製品ラインを構成するのに、このような多重ドーナッツ（円）グラフを用いるのは日本では珍しい手法である。

(c) 試作（かたちの決定）

メイド・イン・イタリーは、芸術作品のような工業製品として世界中で人気があることはよく知られている。これらを生み出すのは、第1に、デザイナー・デザイン企業家・模型制作職人（モデラー）の(1)三者間の協業であり、第2に、そういった三者間協業を支える(2)詩情重視の反合理主義的な設計思想であった（図2—15）。

(1)三者間協業の起源は、事務機器メーカーのオリベッティ社である。オリベッティ社では、模型制作職人（モデラー）が、デザイナーの求めに応じて芸術作品のような木製模型を制作していた。イタリアの職人技の起源はルネサンスの工房にあり、遠近法を習得することで優れた立体造形感覚を身に付けたモデラーを抱えているのがイタリアの強みだといえる。著名なモデラーであるジョバンニ・サッキがデザイナーのマルチェッロ・ニッツォーリから学んだ教訓は、最初から模型に色を付けると、クライアントはかたちを見ずに色しか見なくなるということだった（最初にすべきことは色彩ではなくかたちの評価である）。こうして制作された木製模型は、アウラを纏った芸術作品といえるもので、その芸術的価値が工業製品へと移転されたのである。

オリベッティ社での実践はその後も反復され、たとえばパトリツィア・モローゾのようなデザイン企業家は、彫刻家のロン・アラッドが制作したビッグ・イージーという彫刻作品を模した椅子を量産化している。元々は芸術作品として制作された、アウラを纏った工業製品は、産業社会が課してくる反復的で単調な業務に由来するストレスに対する癒やしを人々に提供する。言い換えれば、デザイン企業家と協業するデザイナーは、労働者の疎外を解消すべく、工業生産された味気ない製品を、本来の用途とは違う文脈で使われるように配慮すると同時に、五感でも享受できるモノへと変換させる役割を担っているのである。

(2)詩情重視の反合理的な設計思想の具体例を挙げるならば、次のようになる。

①人間に似ている、擬人的なデザイン。

②動物に似ている、擬動物的なデザイン。

③建築尺度の変更。カルロ・スカルパのようにメートル法ではなく古代の寸法を採用したり、ジオ・ポンティのように大理石を裁断する場合や壁同士を連結させる場合に、直角ではない角度を採用したりする。

④無意識を連想させる。ガヴィーナ社の家具のようにこの世のものではない雰囲気を出す。

これらの手法に基づき、絵心があるイタリアの建築家兼デザイナー（イタリアでは建築家がプロダクトデザインも行うことが多い）やアーティストは、詩情を感じさせる日用品をデザインしたのだった。

(d)グッドテイストな商品の誕生

工業デザイン大国であるイタリアのデザイン経営では、長寿命でグッドテイストなモノを作る。図2―16は、イタリアのデザイン経営が狙うグッドテイストなモノの位置を示したものである。この図では、グッドテイストなモノの位置は、反ラグジュアリー・反スタイリング（マーケティング）として位置づけられる。

「日常生活⇕ラグジュアリー」の軸は、ハレの舞台ではなく、普段の日常生活の中で人々が互いに品の良さを学んでいくという意味で「民主的である」ライフスタイルと、かつてのフ

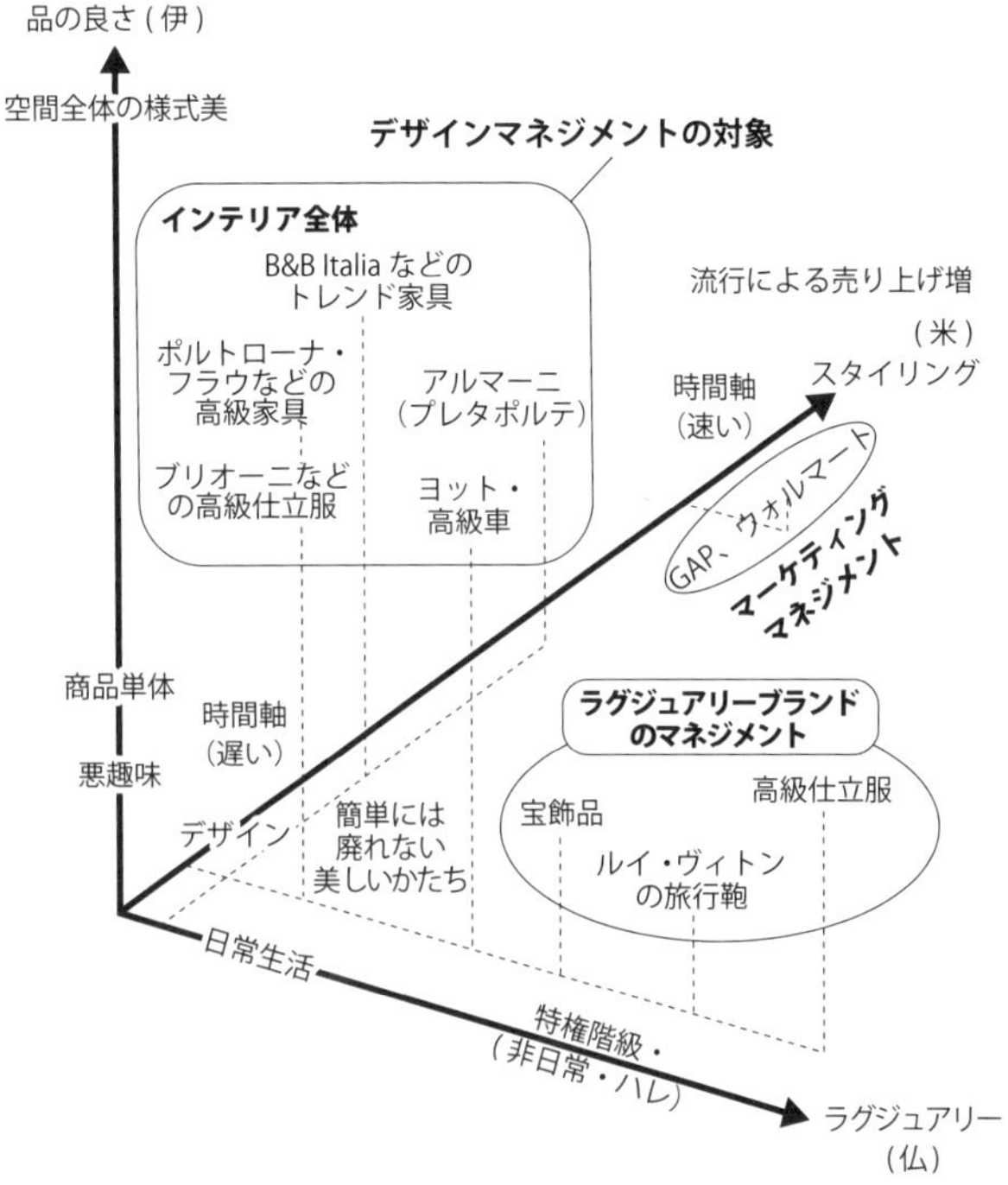

図2—16　イタリアのデザイン経営の対象となる製品の特徴

ランス宮廷の舞踏会に象徴される非日常のハレ舞台で、少数の特権階級が行う衒示的《げんじてき》な過剰消費が示される「ラグジュアリー」の2つを極とする軸である。民主的である極に近づけば近づくほど、ハレとケを分けず、普段から品の良いモノを身に着けることで、日常生活の中で幸福が実現されるように配慮することとなる。

いわゆるラグジュアリーブランドは、フランスに代表されるかつての宮廷社会に憧れを持った庶民が、そういった貴族階級の生活様式の一端に触れたいというメンタリティを下地にする。ブランドの起源に纏《まつ》わる神話的なエピソード・王室御用達の職人の匠《たくみ》の技・官能性といった無形の要素が、これらラグジュアリーブランドの無比の価値を定めている。

しかしながら、このラグジュアリーという言葉に対して、イタリアのさまざまなデザイナーや企業家は異論を唱える。たとえば、カルテル社創業者のジュリオ・カステッリィは、「ラグジュアリーは過剰なもの（sovrabbondanza）として体験されるので、デザインの世界に属する人にとって、ラグジュアリーという言葉は否定的な価値を持っている」[28]と述べている。また、デザイナーのアレッサンドロ・メンディーニは、「ステータスシンボルであるラグジュアリーは昇華の次元を欠いているがために、特権階級のための玩具になってしまう。昇華とは、芸術的に崇高で高貴なものへと対象を高めることであり、そういった対象は、ユートピア的なシナリオを持つ詩や神話（象徴的な次元）を予感させる一方で、それを使う人に対しても尊厳（dignity）を与える」[29]としている。さらに、ジョルジオ・アルマーニは、「ラグジュアリーという言葉は、無駄遣いやこれ見よがしの派手な消費という含みがあるため好きではない」[30]と言っている。デザイナーのセルジオ・アスティも、「グッドテイストの代わりにラグジュアリーという言葉を使えば、「信念や自分自身と世界を意識し、それを尊重する」といったことが不在であるという、ラグジュアリーという言葉が持つ悪い傾向を隠すことになる」[31]と述べ、ラグジュアリーという言葉を使うことの危険性を指摘している。フランスがラグジュアリーの母国であるのに対し、イタリアはグッドテイストの国である。

グッドテイストには3つの性質[32]があり、その第1は、空間全体の様式美を考慮する点である。もしラグジュアリーなモノが室内装飾や街並みが備えている雰囲気を壊すならば、それは悪趣味となり得る。たとえば、貧しい街で自分だけ着飾って歩くことは、貧者を愚弄するバッドテイストな振る舞いである。

グッドテイストの第2の性質として、社会的地位を誇示するためのラグジュアリーと対立する点がある。具体的には、(1)（ハレとケを分けないライフスタイルにおける）下からの趣味の洗練、という意味での民主的な側面と、(2)これ見よがしに派手な浪費を行うのではなく「さりげなさ（sprezzatura）」あるいは「くったくのなさ（desinvoltura）」を良しとする側面がある。

第3の性質として、グッドテイストが流行に左右されないという点を挙げることができる。たとえば、カフスボタン・ネクタイ・ネックレス等は、個々人が自らのテイストに合致するとみなすモノが購入されるが、それらはスタイリングの論理に基づく流行に左右された結果ではない。

「品の良さ（グッドテイスト）⇔悪趣味（バッドテイスト）」の軸は、インテリア空間全体の様式美の歴史的変遷を踏まえつつ、個々の商品と空間全体との調和が取れているような「品の良さ」と、空間全体の雰囲気とそぐわないような商品単体での売り上げを競い合った結果、その場所が持つ固有の雰囲気を台無しにするという意味での「悪趣味」を2つの軸とする。たとえば、アルマーニのスーツと照明器具を手掛けるフロス社の照明と家具を手掛けるカッシーナ社のソファーとは、互いに調和の取れたライフスタイルを提示している。建築雑誌の『ドムス（domus）』誌編集長も務めたデザイナーのマリオ・ベッリーニが家電について指摘するところによると、オリベッティ社がオフィスの文化を提供する方針であった一方で、IBMはパソコンなどのOA機器をより多く売ろうとする。結果として、オリベッティ社はイタリア的なオフィス文化を象徴し、IBMはアメリカ的なOA機器の代名詞となったという。同様にデザイナーのエットレ・ソットサスもデザインジャーナリストの佐藤和子《さとうかずこ》のインタビューに次のように答えている。

「私はロベルト・オリベッティに言い続けてきた。あなた方は機械を売ってはいけない。あなた方はオフィスの文化を売らねばならないと。この〝機械だけを売ってはいけない〟ということは、とても重要な点なんだ[33]」

要するに、インテリアデザインの素養がない者を対象として、商品単体の売り上げを競えば、図2―16の「品の良さ⇕悪趣味」の軸において、下方の「悪趣味」に近づく。なお、悪趣味なものの具体例としてデザイン理論家のジッロ・ドルフレースが挙げるのは、消費を煽《あお》るための歌、ピンク映画、庭などに置かれるテラコッタ製のこびと、材料にセメントを用いた古代の彫像、写真に吹き出しでセリフを入れた漫画本、サンレモ音楽祭、通俗小説、などである[34]。

「デザイン⇕スタイリング」の軸は、ファストファッションに典型的に見られるように、移ろいゆく美を備えつつ流行による売り上げの増大を図る「スタイリング」の論理と、簡単には廃《すた》れない美しいかたち（美観）を備えた「デザイン」の2つを極とする軸である。スタイリングに近づけば近づくほど新製品が市場に投入される頻度が多くなり、製品のライフサイクルは短くなる。他方、「デザイン」に近づくと、製品が備えている美しいかたちは変化せず、新製品が市場に投入される頻度が少なくなり、結果として生活空間に存在する製品の数が絞られ、室内の眺めがすっきりとした（雑然としていない）ものになる。言い換えれば、売り上げの増加を狙って、モノに美容整形を施すのは、機能との調和を考えないキッチュなスタイリングの論理に陥っているということになる。

まとめると、優れたデザインとは、グッドテイストと同義であるというのがデザイン企業家らの理解であり、イタリアのデザインマネジメントでは、「長寿命で美観を備え、自分が含まれる空間全体の性質を反映するようなグッドテイストなモノ」を人々に提供して、生活の質（クオリティ・オブ・ライフ）を上昇させることを最大の狙いとしている。

(e)国際見本市への出展

ミラノサローネに代表される大規模な国際見本市は、誕生したグッドテイストな製品を世に出すために大きな役割を果たしている。ドイツのケルンで催されていた国際家具見本市で北欧の家具が好評を博していることに触発されて、1961年に誕生したのがミラノサローネで、イタリアのデザインのショーケースともいえる展示会である。その目的は、建築家（デザイナー）とメーカーを結び付け、小規模な家具メーカー単独では難しい輸出を支援することである。

アレッシィ社のアルベルト・アレッシィによると、国際見本市を活用して公衆の心に響く製品を世に出すには、「ボーダーライン・セオリー」（図2―17）を用いるということだ。これは公衆のニーズや要望を予期し、彼らが好むようになるだろう新たなデザインプロジェクトやアイディアによって表現される「可能なものの領域」と、公衆よりもはるかに先んじているがために彼らが全く理解できない製品やアイディアから成る「不可能なものの領域」との間にあるボーダーライン（境界線）上に、常に自社が乗っているようにする、というものである。このボーダーラインの存在は、市場調査を行ってもはっきりその姿を見せず、直観や感性、そしてリスクを愛好することからもたらされる、類まれなクオリティを備えた製品を通じてはじめてはっきり認識される。

このボーダーライン上にアレッシィ社が居続けるには、クオリティが極めて高いので理解されない挑戦的な製品――それは商業的には失敗作なのだが――を作らなければならない。というのも、そうしなければ、大胆なデザイン経営を実践する他社がこのボーダーライン上に進出し、アレッシィ社のポジションが奪われるからである。

なお、大企業は、リスクを避けるためにこのボーダーラ

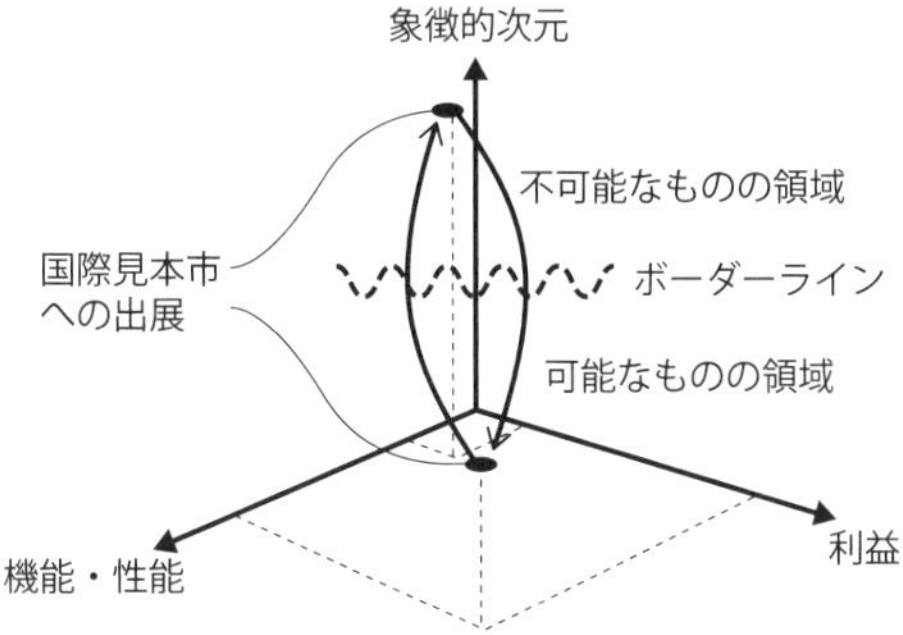

図２―17　ボーダーライン・セオリー

インからできるだけ離れようとするので、結果的に大企業の作る新製品はどれも似たり寄ったりなものになるとアルベルト・アレッシィは述べる。「不可能なものの領域」では、売り上げとクオリティが反比例するが、これは、（デザイナーのエンツォ・マーリが指摘するように）コンスタンティン・ブランクーシの彫刻のように非常に高いクオリティを携えたものは、少数者によってのみ理解されるからである。

第3章

ＩＴ技術でユーザーに寄り添った問題解決を行う

アメリカ

アメリカのデザインプロジェクトの特徴は、ＩＢＭなどのＩＴ企業がＩＤＥＯの考え方を導入し、ユーザーの視点に立って問題解決を図ることである（図３―１）。言い換えれば、エンジニアの論理をユーザーに押し付けず、直感的なユーザーインターフェース（ＵＩ）を設計して顧客の体験価値を高めるようなサービスを実現することに重きを置いている。製品の〝かたち〟が問題となる場合、アメリカではファンタジーあふれるかたちよりも、オーソドックスなプロポーションや、ミニマリズムの美学に基づいて不要な部分を削《そ》ぎ落としたかたちを実現する傾向がある。

なお、アメリカの企業はエンジニアリング部門とマーケティング部門の権限が伝統的に強く、デザイン部門に発言力が最もあるような体制は、ジョブズのようなカリスマ的なデザイン企業家がトップダウンで推し進めないと作るのが難しい。

1　ＥＶ専業・テスラのデザイン経営

デザインは各ブランドを分ける最後のフロンティア

２００８年より電気自動車（ＥＶ）メーカーのテスラの主任デザイナーを務めているのは、マツダから移籍したフランツ・フォン・ホルツハウゼンである。彼は、テスラというブランドの基礎を固めるために、中核的な車種となるモデルＳのデザインを最初に行うことで、その後のテスラのＥＶセダン群（モデルＳ、Ｘ、Ｙ、３）のファミリーフィーリング（当該ブランドの異なるモデル間に共通する当該ブランドらしさ）を確立した立役者である（図３―２）。また彼は、ＳＦ的な近未来を感じさせるピックアップトラックであるサイバートラックや大型トレーラーであるセミも手掛けている。テスラというブランドをデザインの力で確立することについて、フォン・ホルツハウゼンは以下のように証言している。

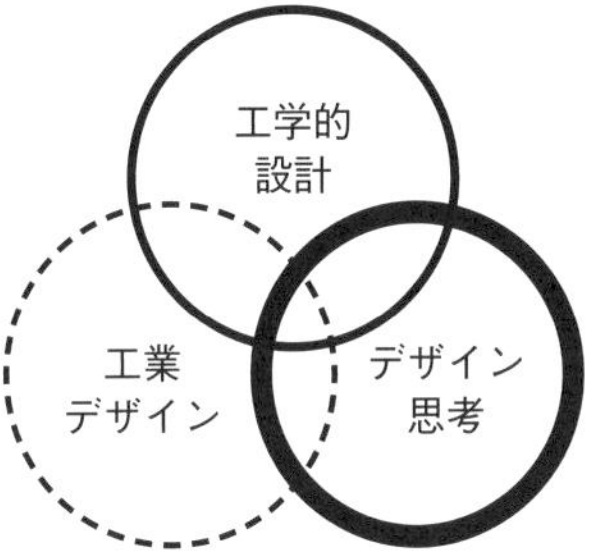

図３―１　アメリカのデザインプロジェクトの特徴

「車は一般にどれも似ており、マンネリで面白みがありません。（……）アメリカの自動車産業に対する消費者の印象は、新しいものが出てこないということです――ここに、テスラ車がＰＣの世界でいうところのアップル製品になれるチャンスがあります。デザインは、各ブランドを互いに分ける最後のフロンティアです。同じ種類のテクノロジーや環境への配慮を各社が追い求めていますが、ホンダやトヨタあるいはフォード車を購入するように人々に強いてい

Model Y

Model S

セミ

Model X

サイバートラック

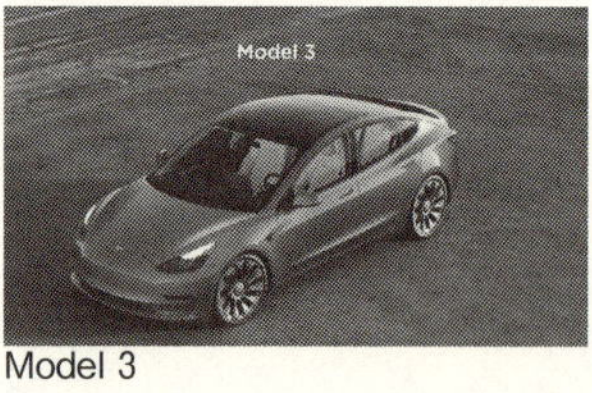

Model 3

図3―2　テスラの主要車種 (1)

るのは要するにデザインです。私は、テスラを買った人が、友人から「美しい車だね。えっ、それに環境に優しいの？　すごいね！」と言われるようにしたい(2)」

モデルSの開発

テスラのファミリーフィーリングを決めているモデルSの開発は、メルセデス・ベンツの高級な4ドアのクーペであるCLSをお手本としつつも、業界関係者からはクレイジーだと評される「7人乗り」のEVセダンを考えるところから始まった。

これは、テスラ創業者のイーロン・マスクが子どもを連れて外出しようとしたさい、車のフロントにトランクがあると同時に3列目の座席《シート》がある7人乗り仕様のセダンを思い描いたことに由来する（そんな車は実現不可能だと言った自動車コラムニスト、ダン・ニールとの賭けに勝ったマスクは、その後、受け取った賭け金を国境なき医師団に寄付した）。カーデザインに見識を持つマスクは、フォン・ホルツハウゼンと相談しながら行ったモデルSの開発について以下のように証言している。

「（モデルSの開発で大変苦労した点は、格納式の）ドアハンドルはもちろんのこと、フロントノーズ、すべてのカーブ、折り目、角度です――いつも小さな部品まで確認していました。セダンをカッコよく見せるのは難しい。ある種のファッションモデルともいえるスポーツカーなら比較的簡単です。そのプロポーションは最も重要で、見栄えが良いように仕立て上げられます。しかし、セダンのプロポーションは、見栄えが良いように仕立て上げられませんし、大半のセダンはカッコがよくないのです。（……車内のスペースを確保するため）床下にフラットに敷き詰めたバッテリーパックのところまで1㎜単位で車内のフロアを下げていく一方で、車高を高くし過ぎると、美しさを失います。セダンというのは背が高いと変な感じになるのです。車の全長と車高とのバランスは、美を感じるうえで極めて重要です」(3)

モデルSの具体的なデザインは、アスリートの身体に着想を得たものである。効率的なパフォーマンスを発揮するEVのモデルとしてフォン・ホルツハウゼンがイメージしたのは、無駄な筋肉が付いていてずんぐりしているルー・フェリグノのようなボディビルダーの身体ではなく、引き締まってはいるが華奢《きゃしゃ》ではない自転車ロードレース選手のランス・アームストロングの身体であった。(4) モデルSは、重量・量塊《マッス》といった面で余分なところがなく、静止しているときでも速度と動きが感じられるようになっている（なお、芸術作品が美しいとされるヨーロッパに対して、アスリートが美しいという美意識は、メイド・イン・アメリカ特有のものである）。無駄を省くという点では、加速時にサスペンションが車高を下げつつ、ドアハンドルが格納されることで空力性能が向上し（実際の空気抵抗係数は0・208）、航続距離も伸びるようなものとなっている。なお、急加速する場合は、コントロールを「11」にするが、これは、ロックバンドのモキュメンタリー映画『スパイナル・タップ』でギタリストのアンプの目盛りが（通常10までのところ、遊び心を満たすために）爆音モードの11まであることに由来している(5)。

なお、モデルＳでは電気モーターを冷却するための換気グリルが前面下部に存在する（他方、モデル３ではグリルを取り払い、ＥＶならではのフロントビューを実現した）。そのボディの素材は、マスクの要望もあってアルミニウム製である。バッテリーパックを床下にフラットに敷き詰めることで、車の前部と後部で50対50というバランスのよい重量配分が可能となり、重心も低下させることができた。その結果、航続距離の延長と加速性能の向上の両方を達成したのである。そしてレコーディングスタジオ並みの静かな音響環境を実現するため、ノイズの小さいパワートレイン（動力を車輪に伝える装置類の総称）も採用した。

インテリアでは、マスクとフォン・ホルツハウゼンの話し合いの結果、17インチのタッチスクリーンに自動車に関するすべての情報を集めて一度にアクセスする方針が決められた。余分なコントロールパネルが省かれてすっきりしたインテリアとなっているのも、このタッチスクリーンのおかげであり、完全自動運転（ＦＳＤ）用のソフトウェアやゲームのダウンロードもできる。車というのは、運転しているときよりも駐停車している時間のほうがはるかに長いことを知るマスクは、車中で過ごす時間が、より一層楽しくなるように、買い物中の誰かを待っているときや充電中に、テスラ車間で対戦型のゲームができるように、ゲームプラットフォームであるSteamの搭載を予定している。

女性向けといわれるモデルXの開発では、かつてのスポーツカーのデロリアンにあったような、ハヤブサをイメージしたガルウィングを採用した。これは、親が屈《かが》んだり、体を捻《ね》じらせたりしなくとも子どもを後部座席に乗せやすいという理由からである。(6) そのほかモデル3に続く小型車のベイビーテスラの発売も計画されている。

ピックアップトラックと長距離トラック

また、マスクは、定性的なグループインタビューなどの市場調査を行っても人々が恋する車は作れないとし、魂の入った車を作る方法は、デザイナーとの対話だ、と述べる。(7) セダンとは別の製品ラインであるサイバートラックも、市場調査とは無縁のピックアップトラックである。アメリカでは、各自動車メーカーの利益の約3分の2が、頑強で逞《たくま》しい男性を象徴し、自我の分身であるようなデザインのピックアップトラックで占められているが、(8) どれも似たり寄ったりなので、ブランドアイデンティティに成り得るユニークなものが必要であった。

映画の『ブレードランナー』および『007／私を愛したスパイ』の水陸両用のロータ

ス・エスプリに触発されたサイバートラックのデザインは、既存のピックアップトラックのイメージを何も持っていない。「火星から来た人」がデザインしたようであり、曲線を排したボディとなっている。これは、へこみや引っかき傷、そして腐食作用などを受けやすいという既存のピックアップトラックが持つ弱点を克服するためであり、超高硬度30Ｘ冷間圧延ステンレス鋼のボディと飛散防止ガラスを用いたウィンドウが採用された。市街戦を想定したかのようなこのサイバートラックは防弾仕様であり、マスクは「装甲兵員輸送車」などと表現していたが、実際にはロッキード社のステルス攻撃機Ｆ‐１１７をイメージしてデザインされ、空力性能にも優れている。

サイバートラックの目新しさは、それが、楔形《くさびがた》デザインの車だということである。カーデザイナーのジェリー・ハーシュバーグが、１９９０年代に自分がデザインした日産のアルティマやインフィニティＪ30といった菱形《ひしがた》の車は、マセラティ・ブーメランやランチア・ストラトスゼロといった楔形デザインの車との決別だとしたことに鑑みると、(9)サイバートラックは菱形デザインとの決別であるといえよう。なお、サイバートラックの製品ラインには、子ども向け電動バギーであるサイバークワッドや、連結可能なトレーラーハウスなどもある。

最後に、１０００km走行可能を目指した長距離トラックである「セミ」がある。一般にＥＶの効率的な使い方は、停車と発車の回数が非常に多い市街地での集荷と配達(10)である。この点で、自動運転技術を用いて高速道路上を時速100㎞強といった一定の速度で長距離移動するセミは効率的ではない。しかし、排ガスを放出しないという大きなメリットがあるために開発されたのであった。

移動するリビングへ

かつてT型フォードが馬車を駆逐したように、将来は、すべての車が、運転ハンドルやアクセルのない「自動運転機能付きのEV」になる一方で、乗馬がレクリエーションになったように、人口の僅か1~2%が車の運転を趣味として楽しむようになるとマスクは述べる。(11)速度・時間帯・天候などの特定の条件下で特定のエリアを自動運転する機能(つまりレベル4の自動運転機能)が搭載されれば、かつての馭者《ぎょしゃ》付きの4頭馬車に乗って移動するのと同じく、「自宅のリビングで家族の会話を楽しんでいる空間」がそのまま移動する状態を実現できる。(12)カーシェアリングされるさいには、使う人の好みに合わせてチューニングされる。世界各地でEVバッテリーの巨大製造工場(ギガファクトリー)を稼働させるマスクによれば、プリウスのようなプラグインハイブリッド車は、電動とガソリン駆動双方の不利益な点を併せ持つ悪い車であり、また技術的に複雑なのでメンテナンスを含めてコスト増を招くのである。

2　トップダウンでデザイン経営を導入――ＩＢＭの事例

デザインプログラム局の創設

約30万人もの従業員を抱えるＩＴのトップ企業であるＩＢＭは、人工知能（ＡＩ）、ブロックチェーン、量子コンピューターなどの最先端分野のリーダーである。[13] ２０１２年以降２０２０年まで、ＣＥＯのヴァージニア・ロメッティがトップダウンでデザイン思考を導入していた。というのも、個人のソフトウェアと業務ソフトウェアとの間をユーザーがシームレスに行き来するといった、ビジネス上の課題を解決するためではなく、単に技術的に進んでいるがために新機能を開発することがそれまでしばしばあったからである。

ロメッティは、社内にデザイン思考を浸透させるため、デザインプログラム局（ＤＰＯ。図３―３）を設置し、25万人以上の社員に対してデザイン思考のトレーニングを実施するとともに、部門横断チームを通じて２５００人のデザイナーが採用されるように手配したのである。手始めに、製品開発チームにおけるデザイナーと開発者の比率を１対33から１対８まで高めるべく１０００人のデザイナーの採用が求められた。当時のＩＢＭでは、エンドユーザーのニーズや体験の検証は、製品開発終了後に行われるのが通例で、製品開発の初期段階

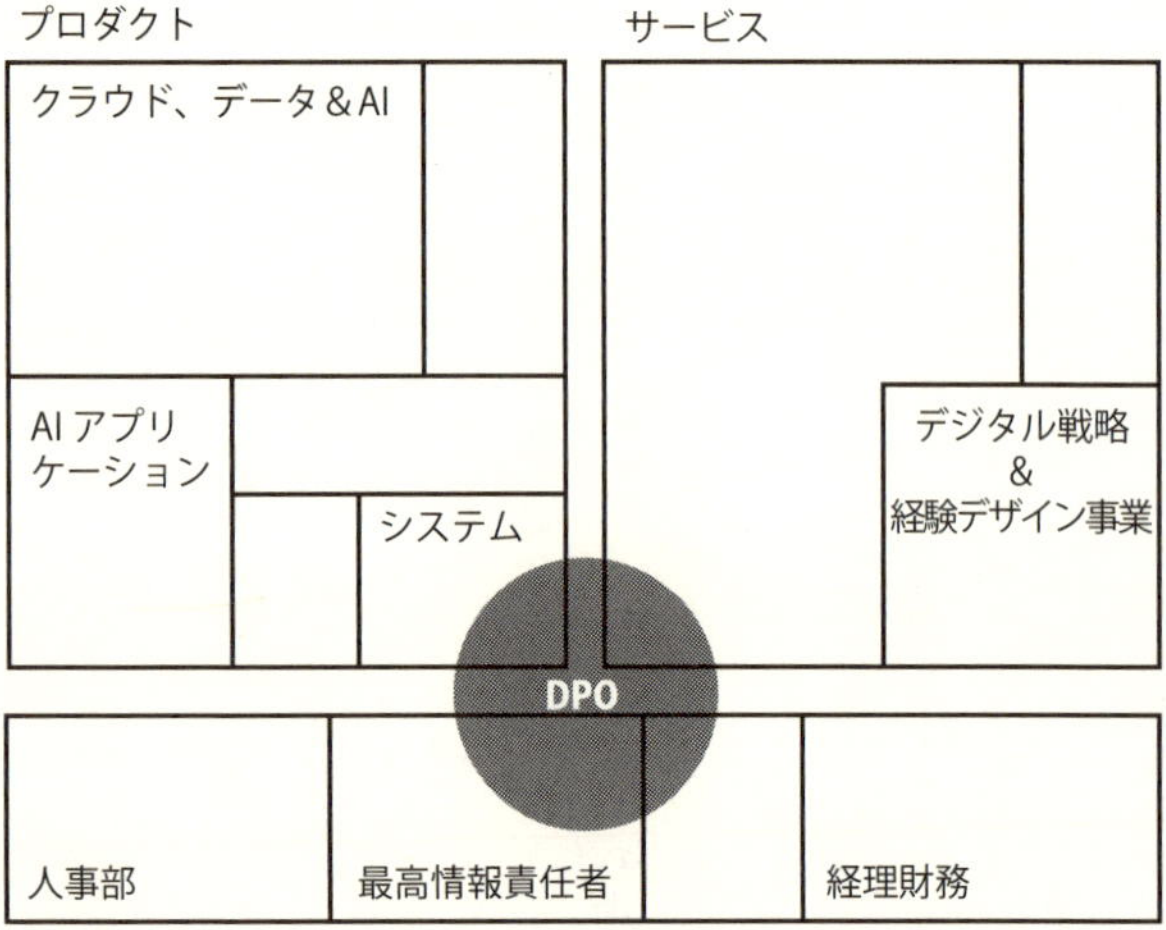

図3―3　デザインプログラム局（DPO）の組織内の位置[14]

を含むすべての段階で行うことは一般的ではなかった。デザインプログラム局の研修では、ドキュメンタリー映画『Design & Thinking』を鑑賞した参加者が、デザイン思考を自分たちのプロジェクトへ適用可能かどうか検討した。この映画は、ビジネス上の課題に限らず、貧困等の社会問題をも含めてデザインの力で解決することを訴えたものであり、社会全体へ影響を与えるような解決策が望ましいとするものである。

　デザイン思考を導入した結果、業務遂行上必須の機能に絞って、設計→実装→テストというソフトウェア開発のサイクルを短期間で繰り返す「アジャイル開発」が、ソフトウェア技術者によって閉じた仕方で行われるのではなく、製品マネージャーやデ

図3―4　ユーザーインターフェースのガイドラインを示すアイコン[15]

ザイナーなどを含む混成チームで実施されるようになり、ユーザーの視点が開発の各段階でより一層直接反映されるようになったのである。

ユーザーインターフェースの統一

デザインプログラム局はまた、ユーザー体験の統一と改善を図るため、すべてのＩＢＭ製品に共通するユーザーインターフェースのガイドラインを策定した（図3―4）。

このガイドラインは、電源を示すアイコン(c)を含めてそれまでよく用いられていたアイコンを整理して体系化したものであり、その中にＩＢＭが作成した固有のアイコンも含めることで、ユーザーインターフェースの業界標準を決定する立ち位置を確保する狙いがある。たとえば、蜂（Bee）を示すアイコン(a)は、ＩＢＭのＢに掛けたもので蜂の忠誠心を示す企業ロゴの一部であり、虫アイコン(h)はデバッグを示している。警告アイコン(b)は、機器の状態（ステータス）を示すアイコン群の一部であり、他方、順送りアイコン(d)およびリセットアイコン(e)は、操作関連のアイコンである。また、ユーザーの状態を示すアイコン群の一部として、ユーザーの満足を示す(f)がある。そのほか、商取引アイコン群に含まれるショッピングカート(g)や、データがアクティブであることを示す(i)は、データ関連アイコンの一部である。晴天を示す(j)は天気関連のアイコンであり、地球儀を示す(k)はトラベル関連のアイコンであるというように、ありとあらゆるジャンルにわたるアイコンが標準化され、直感的な操作ができるようになった。

セキュリティ製品やAIにも

zシステムズと呼ばれるメインフレームコンピュータービジネスでも、顧客企業のシステム管理者や最高情報セキュリティ責任者をユーザーとして想定し、彼らの体験の可視化や彼らが費用をかけてでも解決したい問題点のありかを理解するために、付箋紙を用いてアイディアを列挙する――場合によってはプロトタイプの作成も――といったことを行った。その結果、暗号化すべきデータセットを手動で選択するのではなく、半自動的に広範なデータセットを暗号化できるような暗号化機能が生まれたのであった。

ＩＢＭのセキュリティに関する製品は、これ以外にも、ＩＤとアクセス管理、データ・アプリケーション・ネットワークに対するセキュリティ、脅威情報の提供、ＡＩ、犯罪可能性の判断、などの機能を含んでいる。デザイン思考の導入によって、セキュリティアナリストやＩＴ管理者をユーザーとみなした共感マップ（見る・聞く・考える・話す・痛みを感じる・欲するという観点からユーザーの体験を洗い出すこと）が作成され、彼らがより直感的に操作できるようにアラート情報の可視化が図られ、最優先で事に当たるべき脅威への対応が可能となった。

ＩＢＭの統計解析パッケージであるＳＰＳＳは、他社の類似サービスであるＳＡＳやＳｔａｔａとの競争により市場シェアが低下したため、２０１７年に再設計することとなった。ＳＰＳＳ開発チームのデザイナーらは、初心者のニーズに共感することで、初期のセットアップをガイドする機能を付けるとともに、初期設定を初級者向けの限定的な機能にすることにした。これは、統計解析機能の充実に拘る技術陣の見解とは異なるものだったが、その後、ＳＰＳＳの使い勝手は格段によくなったのである。

ＩＢＭのＡＩに対する取り組みは、前ＣＥＯのロメッティが定めた基本方針に基づく。それは、⑴ＡＩの目的は人間の活動を置き換えるのではなく補完することであり、⑵ＡＩは、その学習とデータについて隠し立てがないようでなければならず、⑶ビジネスや医療、そし

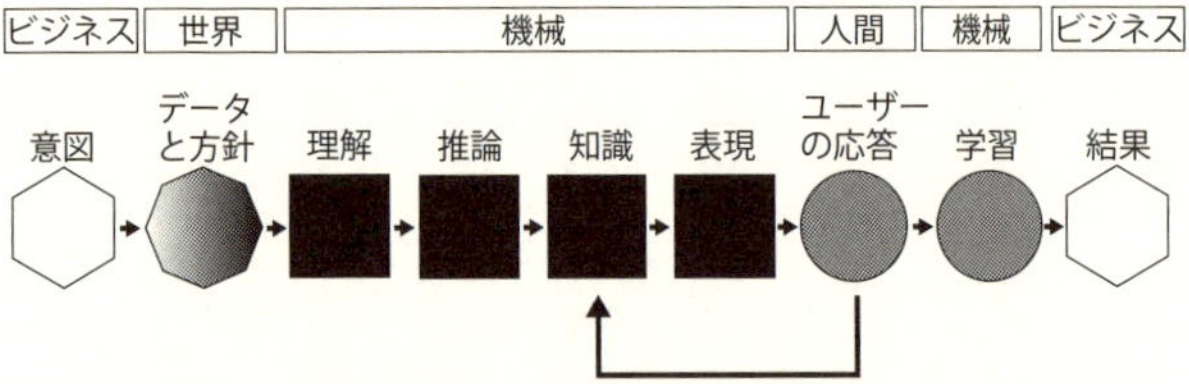

ユーザーがAIを活用する際の主な意図：研究と発見の促進、ふれ合いの充実、混乱の予測と先取り、自信をもって推奨すること、専門知識と学習の拡大、火種の発見とリスクの軽減
データとその活用／整理方針：ユーザーが所有したり、望んでいたりするもの、あるいは必要だが利用できないもの
理解：構造化あるいは非構造化されたデータをユーザーの領域内に位置づけること
推論：最適な行動を決めるためにロジックをシステムが適用すること
知識：システムが知っていること（過去のすべてのデータ・洞察・学習された属性）
表現：メッセージの内容に基づいた応答とユーザーの理解をシステムが伝える仕方
ユーザーの応答：システムの表現に対するユーザーの応答
学習：ユーザーの直接・間接の応答を通じてAIが自ら学習する
結果：ユーザーの問題を解決すべく、現実の世界で用いられたシステムの帰結

図３―５　AIと人間との関係を定めるモデル(16)

て教育などのためにＡＩを用いる人間にとって有用でなければならない、というものである。

　この基本方針に基づき、ＡＩと人間との関係を定めるモデルがデザイン思考を踏まえて開発された（図３―５）。たとえば１年以内に乳がんを発症する可能性を予測するモデルの開発では、当初、０％から１００％までの発症確率を表示するものであったが、ユーザーの意見を取り入れることで、０（ゼロ）か１（イチ）で乳癌になるかどうかを表示することになった（たとえば確率20％で癌になると言われても解釈に困るので、0か1の判定は分かりやすい)。

そのほかの事例としては、デザイン思考を導入する前は、ユーザーと対話を行うAIチャットボット(ワトソンアシスタント＝IBM独自のAIチャット開発ツール)を作成しても、そのメッセージ内容は技術的知識のある担当者しか変更できなかったが、デザイン思考導入後は、ビジネス知識がある担当者もメッセージ内容の変更に携わることができるようになったのであった。

IBMのデザイン経営がうまくいったのは、当時のCEOであるロメッティがトップダウンで音頭を取って社内にデザイン思考を浸透させた結果である。かつてのIBMは、技術志向のエンジニアの論理が幅を利かせていたが、デザイン思考の導入により、ユーザーに寄り添った問題解決を行う企業へと転換を図ることができたという点で、ITビジネスに携わる企業にとって模範的な事例だといえよう。

3　ミニマリズムの美学——アップルの事例

ジョブズ、ブルーナー、アイヴ

創業者のスティーヴ・ジョブズは、パソコンのマッキントッシュの販売不振のために19

85年に会社を追われたが、マッキントッシュに代わるヒット商品の開発を求められて1997年に復帰することとなった(17)。

会社を追われるまで、ジョブズはデザインコンサルタント業のフロッグデザイン社を率いるハルトムット・エスリンガーにマッキントッシュの将来ビジョンを託しつつ、ペプシコ社のCEOだったジョン・スカリーを引き抜き、マネジメントに当たらせていた。ジョブズとエスリンガーは、いずれ一般家庭の暮らしの中にパソコンが浸透するといった将来ビジョンを共有し、企業活動の中核にデザインプロジェクトを据えるという点で似たもの同士であった。ジョブズのプレゼンテーションの巧みさは、エスリンガーに由来するところが大きい。他方、スカリーからは、企業戦略や広告テクニック、そしてマネジメントのポイントなどをジョブズは学んだ。

ジョブズ不在の時期、アップルは新たな主任デザイナー候補として、エットレ・ソットサス、マリオ・ベッリーニ、そしてジョルジェット・ジウジァーロなどに声をかけたが、最終的にルナデザインから工業デザイン部門の責任者としてロバート・ブルーナーを引き抜いた。ジョブズが去った後、アップルの新製品開発はエンジニア主導で行われていたが、ブルーナーこそは、エンジニア主導からデザイン主導のモノ作りへとアップルを転換させた立役者である。ブルーナーは、経営陣やエンジニアと闘って工業デザイン部門の意思が貫徹するように努めつつ、ジョナサン・アイヴといった才能ある工業デザイナーを採用し、また社内に独立したデザインスタジオも設置した。

１９９７年に復帰したジョブズは、ブルーナーが整備した小人数の工業デザイン部門と連携しながら、iPod、iPhone、iPad といったヒット商品を生み出していく。

ジョブズにとってデザインとは、製造プロセスの最後に製品に化粧を施すという意味での「見た目の問題」というよりも、モノがどのように機能するかという根幹に関わる問題であった。その具体例として彼が挙げるのはドイツのミーレ社の洗濯機であり、それは、アメリカ製の洗濯機と比べて時間はかかるが、生地を傷めず、また使う水も洗剤もずっと少ないという優れものだった。次項ではアップルの収益の要である iPhone の開発プロセスを検討する。

iPhone の開発プロセス

21世紀のウォークマンとなった iPod は、iPhone によって共食いされつつも、その開発経験が iPhone にも活かされた。図３—６は、iPhone の開発プロセスを示したものである。それは、ジョブズがアップル製の携帯電話の開発に同意することから始まった。

当初は、iPod を開発したチームが主張する iPod 電話のプロジェクト（Ｐ１）と、マルチタッチスクリーン式の電話の開発プロジェクト（P2）の2ラインがあった。だが、iPod電話のほうは、クリックホイールの操作が電話機としては不便であることが分かり、P2のマルチタッチスクリーン式の可能性に賭けることとなった。この段階でジョブズは、精鋭のエンジニアおよび工業デザイナーから成る携帯電話の「スタートアップ企業」（P2を率いるチーム）を社内で興している。

iPodも音楽専用の小型コンピューターといえるものであったが、iPhoneはさらにコンピューターと音楽プレーヤーと携帯電話が一緒になった「融合製品」である。そのため、割れない強化ガラスであるゴリラガラスや、当時としては消費電力対性能比の優れたCPU（ARM11）といった部品の調達にジョブズは奔走した（デザイン企業家のミッションとして、採用候補のテクノロジーや素材の調査に奔走することが挙げられる）。

P2において、本体の〝かたち〟について無数の案が出された結果、アルミを押し出し成形して作られる角張ったかたちの「エクストルード」と、2枚のプラスチックを重ねた四隅の丸い長方形の「サンドウィッチ」の2案に絞られた。結局、エクストルードのほうは、耳に当てたときに角張った角が不快であり、また、電波の受信が難しいという理由で没になり、他方、サンドウィッチのほうもずんぐりとしていて分厚いので却下され、ジョナサン・アイヴが描いた初期のデザイン案に戻ることとなる。なお、こういった最終的な美的判断を下す

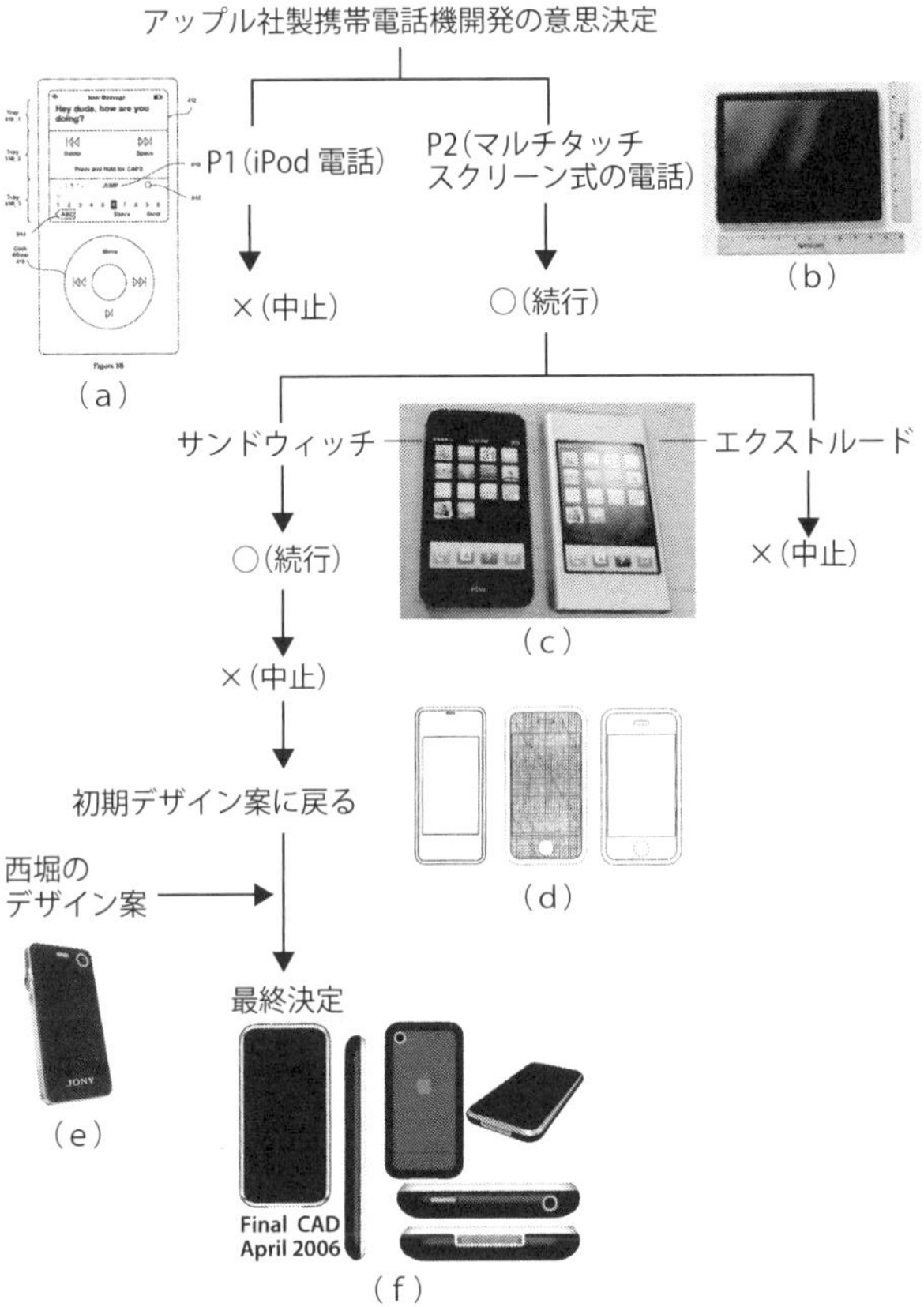

図3—6　iPhone 開発プロジェクトの推移[18]

のはジョブズであった。初期のデザイン案を検討する傍ら、松下電器出身の西堀晋がデザインしたミニマリズムの美学に則《のっと》った案も考慮に入れて、最終的なデザイン案が決まった。それは、ジョブズとアイヴのテイストが一致する、無駄が削ぎ落とされたミニマリズムの美学を感じさせるものであった。

なお、図3―6からも紆余曲折を経て最終案に辿《たど》り着いていることが分かるが、そういった試行錯誤は必要なプロセスであって、決して無駄ではないことを肝に銘じておきたい。言い換えれば、そのほとんどが世に出ることのない無数のプロトタイプの制作に投資し続けることは、当該企業にとって次の開発へ繋がる経験を積むという点で、貴重な無形資産の形成に等しい。

マルチタッチの優位性

iPhoneの開発で特筆すべきは、マルチタッチ技術を実用化したことである。指先で直接画面をさまざまにタッチして操作するマルチタッチが可能になるまで、マウスやキーボードといった入力ツール（道具）を用いてコンピューターに仕事をさせていた。図3―7は、そういった状況を説明したものであり、人間と入力ツールとのインターフェースを第1接面、入力ツールと操作対象であるコンピューターとのインターフェースを第2接面と考えると、入力ツールを用いてのコンピューター操作は、間接操作であるといえる。

他方、指先でコンピューターを操作するのは、直接操作であり、理想をいえば、コンピューターたるiPhoneを操作しているという感覚が存在しないほど、言い換えれば、iPhoneが指の延長物として感じられるほどインターフェースが意識されないのが望ましい（それは第1接面および第2接面がなくなった状態である）。アップルが買収したこの技術の開発者（ウェイン・ウェスターマン）はピアノ奏者であり、彼にとって、ピアノを演奏するように10本の指を使ってコンピューターに指示を与えるのは楽しいことであった。ピアノを演奏するさい、指使いに気を取られるのではなく、表情豊かに旋律を歌い上げるのが望ましいのと同様に、iPhoneの操作でも、指先で操作しているという感覚を欠くほどコンピューターの直接操作に没頭している状態が望ましいとアイヴは考えたのである。ただし、iPhoneの操作では、ピアノ演奏のさいの指先を用いたスタッカートやスラー等のテクニックは用いられず、簡易な入力方法に限定されている（「スタッカート入力」

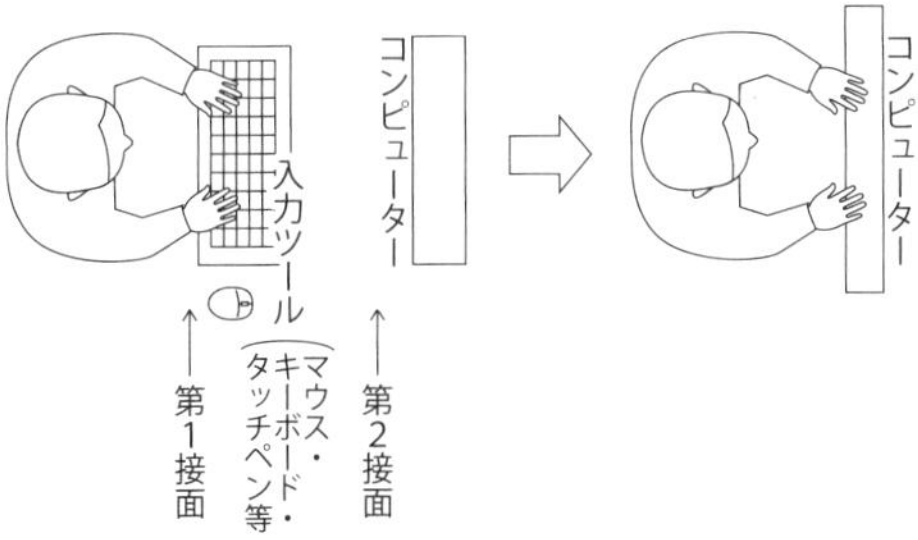

図３―７　間接操作から直接操作へ[19]

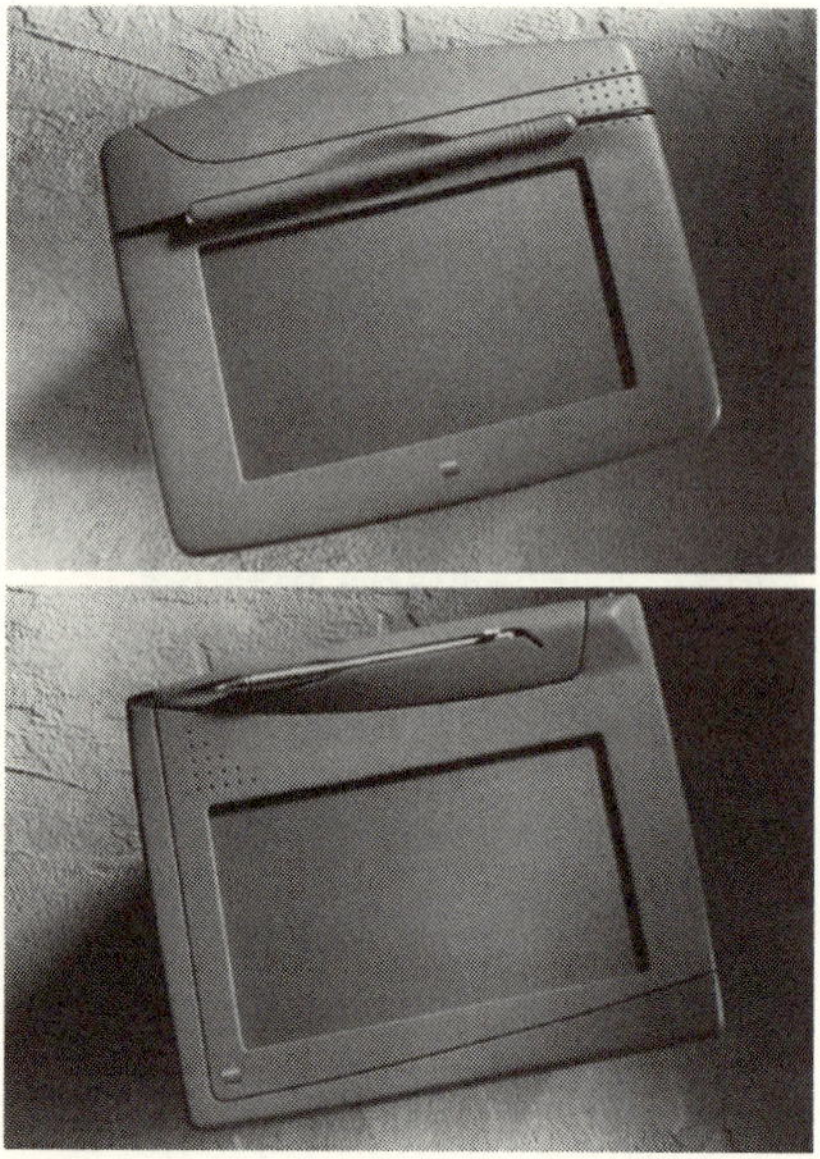

図3—8　ジウジァーロがデザインしたノートサイズのPDAコンセプト[20]

や「スラー入力」といった方法は存在しない)。

ジョブズとアイヴは、iPhone本体のすっきりしたかたちに加えて、このマルチタッチ技術を実用化するさいにも、無駄のない指先の動きと標準的なQWERTY配列のキーボードへの手間取らない入力を求めた。つまり、彼らが共有していたテイストはミニマリズムであって、これは、イタリアのデザイナーであるジョルジェット・ジウジァーロがアップルからの依頼を受けてデザインした中世の書見台を彷彿とさせるノートサイズのPDA(携帯情報端末。図3—8)と対照的である。後のiPad開発の方向性として、図3—8で示されるようなノスタルジーを感じさせるものもあり得た。

大きくなりすぎたデザイン部門

２０１１年にジョブズが亡くなってからは、ティム・クックがＣＥＯとなり、デザイン部門はアイヴが率いることとなった。クックは、アップルストアでの売れ筋のアプリケーションを増強したり、アップルＴＶ＋といったサービスを拡充したりするなど、iPhoneを中心とした、ジョブズが生み出した収益構造からさらに利益を引き出すことに成功した。これは、スカリーやギル・アメリオなど、アップルのかつてのＣＥＯとは異なり、成功した事業継承例だといえよう。

しかしながらクックは、かっこいい新たなデバイスを期待するアップルファンの期待には応えることができていない。その理由として、第1に、iPhoneを開発した優れた技術者の流出を抑える手立てを講じなかったことが挙げられよう。第2に、数百人ものソフトウェア設計チームとデザイン部門を統括する管理職としてアイヴを任命したことも失敗であった。というのもその結果として、アイヴを中心として数十人の精鋭チームで自由にデザインを行う仕組み――これがアップルの付加価値の源泉であった――が、うまく機能しなくなってしまったからである。結局、前任者のブルーナーと同様に、アイヴもアップルウォッチを巡ってマーケティング部門と闘うことでエネルギーを消耗し、２０１９年には同社を退社する。スマートウォッチという新たな商品カテゴリーの成長には時間がかかると考えていたアイヴの見通しは正しかったが、早急な売り上げの確保を求めるマーケティング部門やクックとの対立は、アイヴを退社させるのに十分なストレスだったのである。

ジョブズが率いたアップルの特長は、彼のミニマリズムの美学に基づくテイストによってあらゆる選択肢がふるいにかけられることであったといえる。というのも、エンジニア中心のグーグルのような企業では、デザイナーのテイストが排除され、すべての判断が、単純な論理の問題に還元されるべくエンジニアリングの観点からなされるためである。デザイン主導のモノ作りというのは、言い換えれば、長寿命のテイスト中心のモノ作りということであり、それには工業デザイン部門に最も強い権限がなければならない。

なお、デザインを第一に考えるCEO（デザイン企業家）は、イタリアでは一般的だが、エンジニアリングとマーケティングが強いアメリカ企業では稀《まれ》にしか生まれない（ジョブズはその典型であった）。

第4章
工学的な設計でメイド・イン・チャイナを牽引する
中国

中国のデザイン振興は、政府―企業―大学間の協働を通じて国策で進められている[1]。2007年、当時の温家宝《おんかほう》首相は、工業設計を高度に重視すべきだ、という方針を示し、2015年に習近平《しゅうきんぺい》指導部が打ち出した「中国製造2025」（製造業の国際競争力強化を図る中長期的な国家戦略）では、革新的なデザイン戦略に関する研究プロジェクト[2]の成果が記載されている。ここでは、革新的デザインは次のように定義されている。

「革新的デザインは、統合された創造的な革新（イノベーション）および活動である。知識経済（ナレッジ・エコノミー）に直面して、それが対象とするのは、環境負荷の少なさ・処理能力の高いネットワーク・調整・共創と共有といった特徴を備えた産業である。またそれによって、テクノロジー・プロセス・マネジメント、そしてビジネスモデルの根本的な刷新が可能となるが、それは、科学・テクノロジー・芸術・文化、そしてユーザー中心のデザインに基づくビジネスの統合を通じてである。革新的デザインは、工学デザイン・工業デザイン・サービスデザインといった多様なデザイン領域を含み、体系的な思考を用いてそれらの領域を結び付ける[3]」

中国語で「デザイン」を意味する言葉は、「設計」であり、革新的デザインの定義も、工学的な設計・工業デザイン・サービスデザインといったさまざまな側面を含むものとなっている。ただし、コンセプトに対して優れた〝かたち〟を付与するという意味は前面に出ていない。

　工学的設計を重視する中国のデザインプロジェクトの特徴を示したものが、図4—1である。

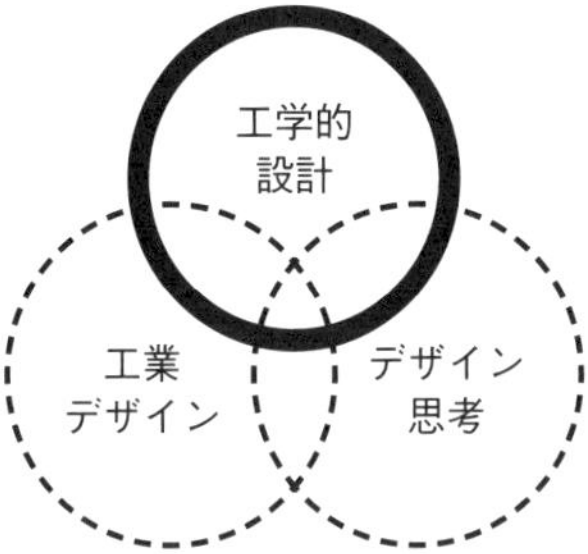

図4—1　中国のデザインプロジェクトの特徴

　伝統的に中国の科学技術は、新たな物理法則の発見等を目的とした基礎科学よりも、実学（設計科学）を得意としており、「設計」といった場合、実学である工学的設計の意味合いが強い。中国の歴史上生まれた火薬や羅針盤などの88つの重要な科学技術のうち、65は実学（設計科学）である。(4) たとえば、マラリアの治療薬（アルテミシニン）を開発して2015年に中国初のノーベル生理学・医学賞を受賞した屠呦呦《とゆうゆう》の場合も、まずは薬効がありそうな漢方薬を探索することから始め——決め手は東晋《とうしん》時代の葛洪《かっこう》が記した『肘後備急方《ちゅうごびきゅうほう》』であった——、その化学式の同定は後から行われた。とはいえ、中国は、量子生命科学や量子化学といった基礎科学の側からの創薬にも国策として力を入れている。

1 マイクロ企業が牽引するデザイン経営——ハイアールの事例

人単合一と市場連鎖（SST）管理システム

1984年に、張瑞敏《チャンルエミン》氏は、ハイアール（海爾）の前身である青島《チンタオ》日用電器廠の社長に任命され、工場改革を開始した。(5) 給与の遅配や悪臭がするといった職場環境の悪さなどから従業員の士気は低く、暖を取るため工場の窓枠の木が外されて燃やされる状況であった。張氏は、6S（整理、整頓、清掃、清潔、躾《しつけ》、安全）の推進、アメリカ市場への進出、「人単合一」と市場連鎖（SST）管理システム、およびWin-Win付加価値計算の導入を推進して、2021年には、4・4兆円の売り上げを達成した。2023年時点で、大型家電の世界市場シェアは15年連続1位である。

2005年から導入された「人単合一」の人とは従業員（人材）、単はユーザー（市場）からの注文を意味し、従業員とユーザーとの間の距離をゼロにすることを目標とするものである。企業は従業員のものであるとする日本型企業システムとは異なり、ハイアールの場合は、企業はユーザーのものであり、ユーザーに付加価値をもたらすことが企業活動の目的であるとする。これは、企業は株主のものとする欧米企業の株主資本主義とも異なる。ハイアールでは、ユーザーと最も接点の近い顧客対応を行う従業員が自主的な経営体——これは一種の戦略的事業単位（ＳＢＵ）である——として、企業の職階ピラミッドのトップに位置づけられる。そして従業員は、前工程の作業者を仕入れ先、後工程の作業者を顧客、作業内容を商品とみなすことで、企業内部にいながらあたかも市場で取引を行う経営体へと転化する。その給与は、索酬（生産数量×作業単価）＋索賠（前工程での作業不良に対する賠償）－跳閘（自分の不良作業に対する罰金）で支払われる。(6) その後、中間管理職を廃止しつつ、すべての従業員を企業家として位置づけ、この企業家たちから構成される数千ものスタートアップ（マイクロ企業）がハイアールの実質を占めるようになった。こういった仕組みに対応したWin-Win付加価値計算も導入された。

Win-Win付加価値計算書の事例

表４—１は、馨厨《シンチュー》というネットワーク接続型冷蔵庫のWin-Win付加価値計算書の事例である。この冷蔵庫には、タッチスクリーンが付いており、動画や音声コンテンツ配信サービスの視聴や、ＡＩで感情を分析してそのときの気分に適したコンテンツを薦める「感情コンピューティングサービス」の提供、そして生鮮食品や飲料の注文などを行うことができる。これによってハイアールの利益は、一度限りの冷蔵庫の販売からだけでなく、こういったさ

表４―１　Win-Win 付加価値計算書[7]

1．ユーザー資源 ―家電製品の設計に参加するユーザー―プラットフォームのサービスを継続的に利用するユーザー ―ユーザーコミュニティに参加することでプラットフォームの改善に寄与するようになったユーザー
2．付加価値（利益）の共有 利益 ―ネットワーク家電からの利益 ―プラットフォーム利用からの利益 付加価値の共有（分配） ―プラットフォームユーザーへの分配 ―投資家への分配 ―マイクロ企業メンバーへの分配
3．収益 ―ネットワーク家電販売からの利益 ―プラットフォーム利用からの利益
4．費用 ―ネットワーク家電の製造費用 ―プラットフォームの維持費用
5．限界利益 ―ネットワーク家電販売利益÷ユーザー数 ―プラットフォームからの利益÷ユーザー数

まざまなオンラインサービスを提供するプラットフォームからも上げることができる。[8] それが **Win-Win** 付加価値計算書中の「プラットフォーム利用からの利益」に該当する。そして利益は、プラットフォームユーザー・投資家・マイクロ企業メンバーの三者の間で分配・共有される。**Win-Win** 付加価値計算書には、通常の損益計算書にはないユーザー資源の項目があり、企業はユーザーのものであるとするハイアールの企業理念に沿っている。

ハイアールは、マイクロ企業間で協働して新製品を開発する仕組みを導入する一方で、さまざまな技術的課題の解決策を公募するオープン・イノベーション・プラットフォームの一種である「Haier Open Partnership Ecosystem（ＨＯＰＥ）」を運用している。２００９年に設立されたＨＯＰＥは、フランスの自動車部品メーカー、フォルシア（Faurecia）の現地法人とも提携しており、自動車関連の技術も活用可能である。

図４—２は、風洞縦型エアコン（天尊空調）である。この新型エアコンの羽根の設計をＨＯＰＥ上で公募し、中国の航空力学研究センターの研究者が提案した「ジェット機のターボファン」を模したデザインが採用されたのだった。

なお、ハイアールのイノベーションデザインセンターは、中国企業が設立した最初のデザイン研究所であり、その拠点はミラノ、ニューヨーク、そして青島等に跨《また》がっている。同センターには、工業デザイン、ＣＭＦ（モノの表面の質感を規定するカラー・素材・仕上げ加工の頭文字）、ユーザーインターフェース（ＵＩ）といった分野の専門家15名と、32名の主任エンジニア、そして３００名以上のデザイナーが在籍している。同研究所の若手デザイナーは、日本を代表するプロダクトデザイナー深澤直人《ふかさわなおと》の指導を受け、記憶・振る舞い・歴史・職人技・コストといった要素を含む「人間を取り巻く環境」と不釣り合いでない〝かたち〟を備えた製品をデザインしている。

図４—３は、同研究所がデザインした円形の吹き出し口を持ったユニークなスカイリードエアコン（天鉑空調）であり、２０１５年にはｉＦデザイン賞（ＩＤＥＡ賞、レッド・ドッ

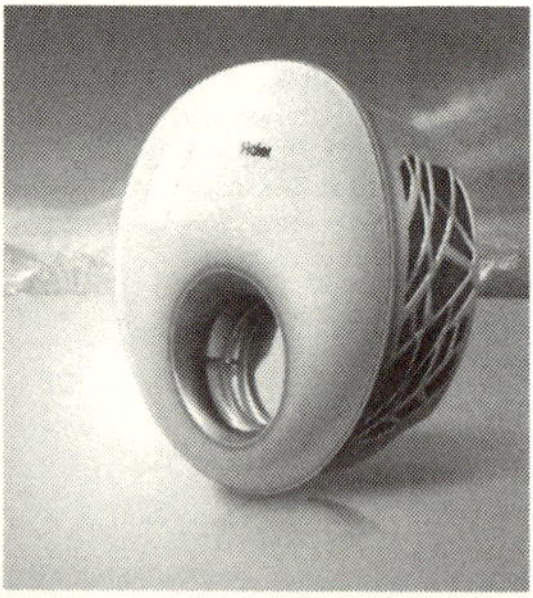

図　ハイアールのエアコン[9]
図4－2（左上）天尊空調
図4－3（右上）天鉑空調
図4－4（下2点）通常のエアコンと天鉑空調の気流の比較

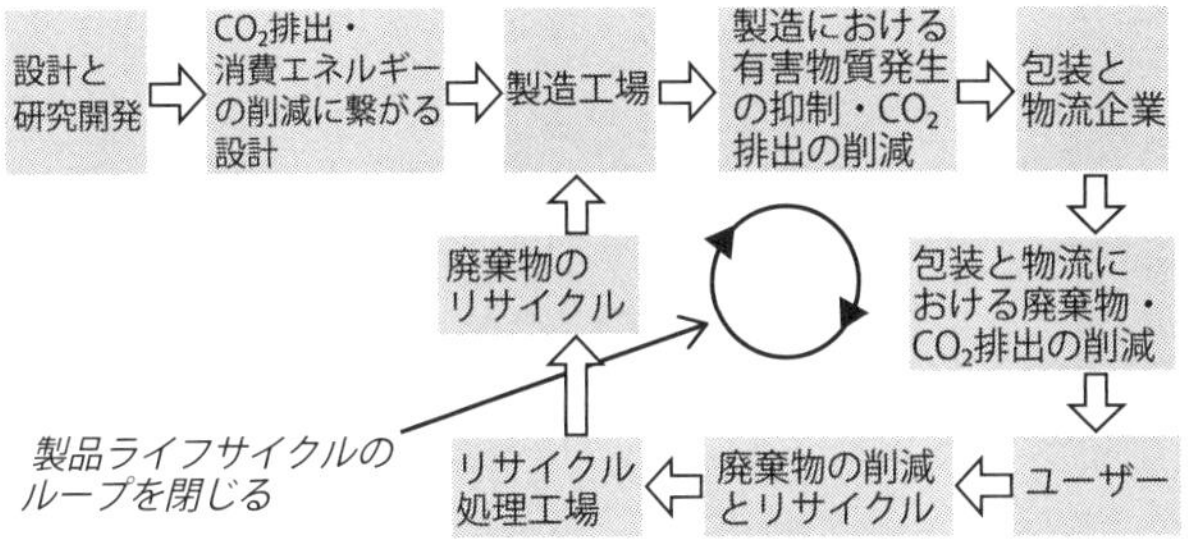

図4―5　製品のライフサイクルのループを閉じるハイアールのグリーン戦略[11]

ト・デザイン賞と並ぶ世界3大デザイン賞の1つ）を受賞している。このエアコンは、流体力学のコアンダ効果[10]を用いてエアコン内部で暖気と冷気を混ぜ、冷房病を防ぐような涼しい風を出すことに成功した（図4―4）。またスカイリードエアコンは、室内のPM2・5濃度を自動検知し効率的に除去する技術や、故障の自己フィードバック機能なども備えることで、「自ら考えるネットワーク家電」としても位置づけられる。

製品のライフサイクルのループを閉じる

ハイアールではまた、持続可能な製造とリサイクルから成る循環型経済を実現すべく、製品のライフサイクルのループを閉じることを狙ったグリーン戦略を策定している（図4―5）。その内容は、「グリーン設計・グリーン製造・グリーンリサイクル・グリーンマーケティング」から成る4Gグリーン戦略である。グリーン設計という点では、製品のモジュール化・着脱可能性・素材のリサイクル・省エネ・騒音低減などについて製品の設計段階から考慮に入れ、業界で唯一、国家低炭素認証を取得している（たとえば自動太陽光追尾システムを搭載し、大幅な省エネと二酸化炭素排出削減効果をもたらす太陽光発電を利用した冷蔵庫を開発している）。グリーン製造については、スプレーコーティングの代わりに射出成型時に真珠層や金属光沢を加えるように工夫しつつ、製造工程で鉛・錫《すず》・六価クロムの使用を厳しく管理している。グリーンリサイクルに関しては、燃やすと有毒ガスが発生するのでEUへの輸出基準を満たさないPVC（ポリ塩化ビニル）を全く含まない冷蔵庫のカラーパネルを開発した。グリーンマーケティングにおいては、大型の包装箱を用いて1回の輸送で配送できるように、また、ジャストインタイム方式を用いた在庫の最小化とOR（オペレーションズ・リサーチ）を活用した物流ルートの最適化を図っている。

こうしたグリーン戦略によって、同社は、単位生産額当たりのエネルギー消費量・水消費量・排水量・排水中のCOD（化学的酸素要求量）・二酸化硫黄・二酸化炭素排出の削減を達成してきた。

ハイアールのデザイン経営の特長は、循環型経済を意識して開発の初期段階から二酸化炭素の排出と消費エネルギーの削減に繋がるような工学的な設計を行いつつも、HOPEを通じて技術的課題の解決を図っていることだといえよう。製品の美観という点では、デザインセンターがリーダーシップを発揮しつつ、工学的設計とのすり合わせをうまく行っている。

2　空撮文化の創造――DJIの事例

エンジニアリング主導の空撮ジンバルの開発

ドローンメーカーのDJI（大疆創新《ダーチャンチュアンシン》科技有限公司）を2006年に創業した汪滔《ワンタオ》は、ラジオコントロールヘリコプターの操縦のしにくさを少年時代に体験したこともあって、香《ホン》港《コン》科技大学では、中国ロボット研究の第一人者である李沢湘《りたくそう》の研究室で、ヘリコプターの空中停留（ホバリング）に関する研究を行った[12]。2008年にはヘリコプター制御システムXP3・1の開発に成功し、コア技術を確立した。

汪は次のように述べている。

「慣性測定ユニットIU、加速度と角速度を測るセンサー、GPS、電子コンパスによって、無人機の角度と速度に関する正確なデータを取得し、これらのデータに基づいて、無人機操縦装置のフィードバック運転を制御し、無人機を空中で自動ホバリングさせることができる[13]」

自前で技術開発を行うDJIの狙いは、現在市場に存在する他社の製品を模倣し、低価格

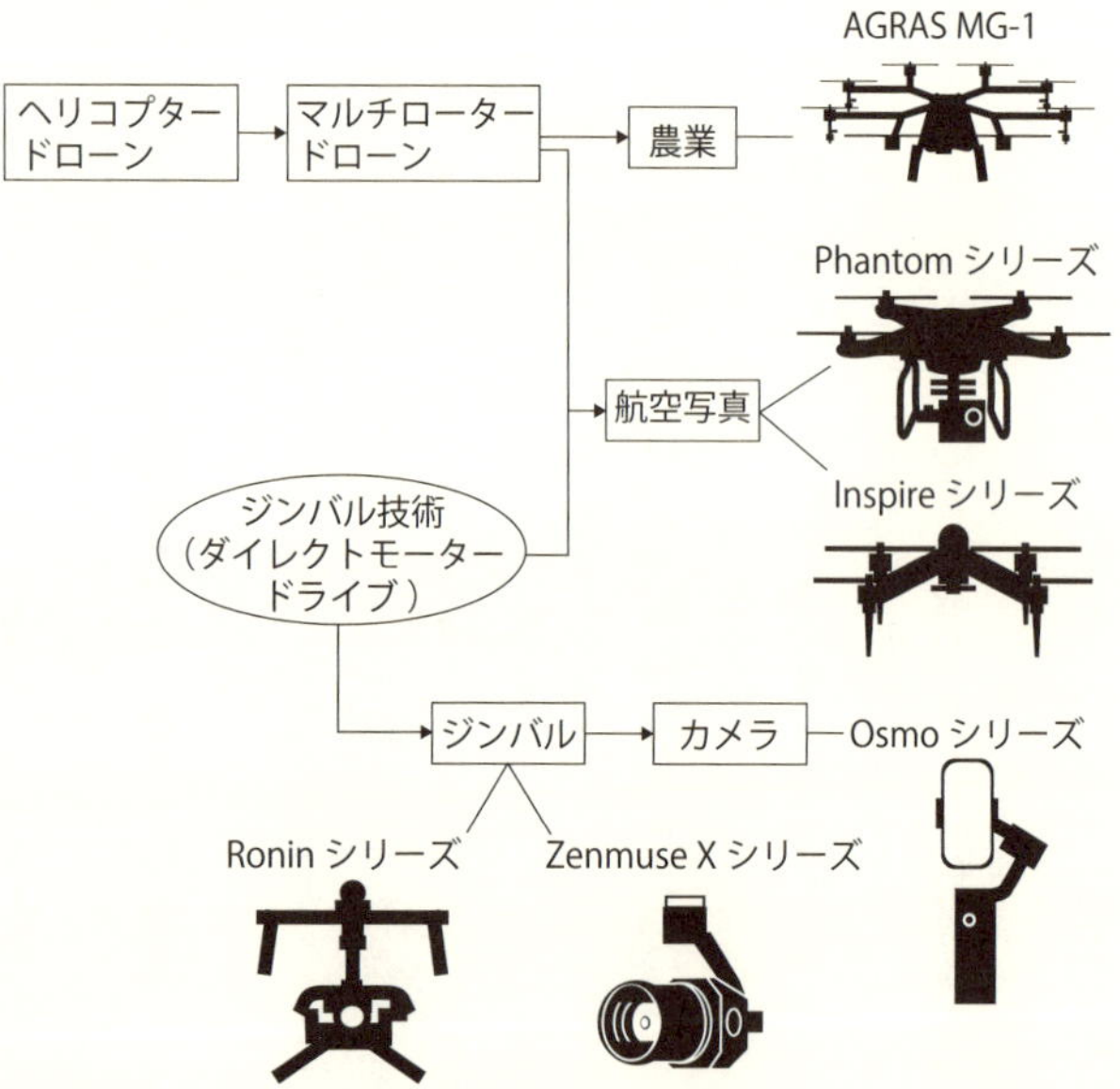

図4―6　DJI主力製品の開発プロセス[(14)]

で販売するという一般的な中国企業とは異なり、技術面での参入障壁を築くことによって持続的な利益を得ることである。同社は、「障害物の回避、飛びながら撮影するときの画像ぶれの防止、写真または動画の（TikTok等のSNSへの）即時転送、電池切れ前の自動復帰、画像や超音波を利用した屋内での位置特定」といった技術的課題をいち早く解決することで、技術面での競争優位を保っている。2019年1月時点でのDJIドローンの有効特許件数は、185件とトップに立ち、ドローン2位の3倍以上の成果を出している。

また、２０２１年の世界市場シェアは76％と他を圧倒している。

図４―６は、ＤＪＩの主力製品の開発プロセスを示したものである。

ダイレクトモータードライブを用いた小型・軽量の空撮ジンバル（撮影映像の安定化装置）の開発に成功したことで、空飛ぶカメラであるファントム（Phantom）に続いて、空撮のさいに脚が邪魔にならない３６０度の撮影を可能にするインスパイアー（Inspire）１も製品化することができた（図４―７）。これは、Ｖ字形へと変形するさいのセンサーや機体への振動の影響を最小限に抑えるような、精密な飛行制御アルゴリズムの開発によって可能となった。

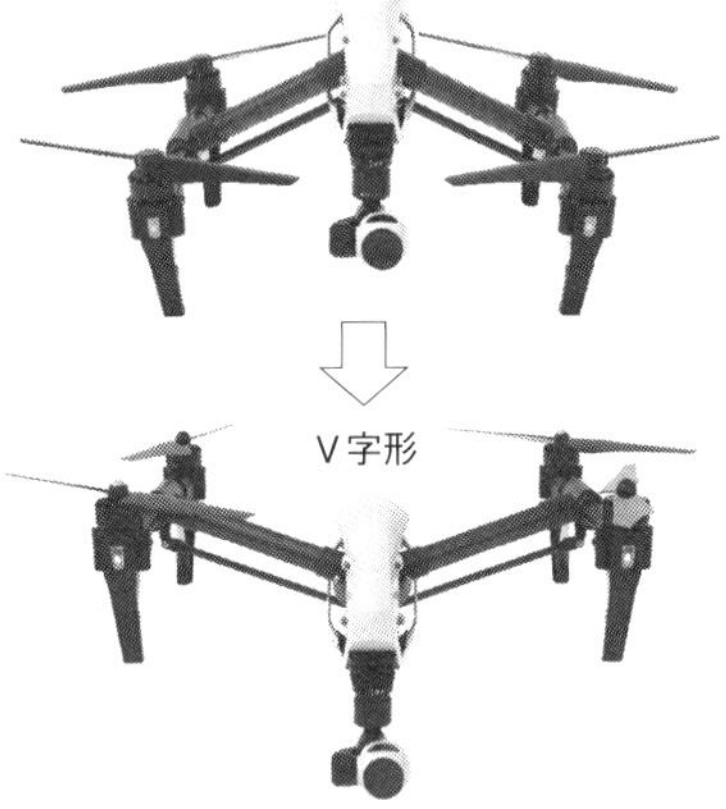

図４―７　空中でV字形へと変形し、360度の空撮を可能にするインスパイアー１[15]

ジンバルを搭載した航空測量用のカメラであるゼンミューズ（Zenmuse）を開発するきっかけとなったのは、アメリカの映像・放送関連展示会であるＮＡＢショーへのＳ８００の出展である。多くのハリウッド映画監督やカメラマンがＳ８００に興味を示したが、同時に、当時のドローンではドローンとカメラを繋ぐコネクターが大きいので振動に耐えられず、また、撮影した映像の後処理が必要になり、手間がかかるという問題への解決も求められた。そこでDJIは、従来のコネクターに代わる3軸ジャイロ安定化ジンバルを搭載したゼンミューズを開発し、振動が発生すると3つのモーターが逆に動き、機体の揺れを積極的に打ち消すようにしたのであった。

DJIは、空撮ジンバルの開発経験から、地上写真にも撮影時の手振れの問題があることを見出《みいだ》し、これが、手持ちの3軸ジャイロ安定化ジンバルであるローニン（Ronin）の開発に繋がることとなった。ローニンは、高所撮影用のクレーンやドローンに素早くスムーズに接続することができ、映像の安定性を確保するために手動スタビライザーのサイズや重量を調整する必要がないため、多くの人手と時間コストの節約に繋がった。続いて、ブレない手持ちカメラであるオスモ（Osmo）も開発した。

そのほか、ゴーグルを付けて鳥のように空を飛んでいる感覚を味わえるレーシング用のドローンDJI FPVや、各国（日本を除く）の航空規制の対象とならない250g以下の軽量ドローンDJI Mini 3 proといった製品ラインもある。DJIの最終的な狙いは、単に機材としてのドローンを売ることではなく、文化コンテンツとしての空撮動画を広めることであり、そのため空撮動画の共有ができるようにTudou（土豆網）などの動画共有サイトと提携している。

エンジニアの確保

CEOだけでなく最高技術責任者を汪が兼ねるDJIは、優れた業績を上げたエンジニアにEVを賞与として支給するなどエンジニアを重用する会社であり、同様に工学的な設計を重視するイギリスのダイソン社と似ている。優秀なエンジニアを求めるDJIは、学生を対象とした5週間のロボット工学プログラム「深圳《しんせん》・香港ロボティクス・イノベーション・サマーキャンプ」も創設した。

DJIが誕生した背景には、産学連携を目的とする香港科技大学自動化技術センターのイノベーションモデルがあり、そのロボット設計コースは、機械、電子工学、工学、コンピューター・サイエンスを専攻する大学1年生から4年生までを対象としている。

この8ヵ月のプログラムでは、デザイン思考から始まり、ユーザーニーズに基づいた製品の可能な方向性を議論し、製品開発チームを結成し、市場調査を行い、アイディアをブレインストーミングする。プロジェクトの方向性が決まると、学生らは機械、電子、ソフトウェアシステムを含むサブシステムの設計を行い、その後、深圳の電気街である華強北《ファチャンベイ》に行って部品を購入しつつ、プリント基板を製造する工場を探して、最終的にプロトタイプを製造する。このプログラムには、深圳の製造現場や、東莞《とうかん》の松山湖《しょうざんこ》ベンチャーパーク、さらにはアメリカのシリコンバレーへの訪問なども含まれている。学生がプロジェクトの成果を商品化したい場合は、セコイア・キャピタルなどのベンチャーキャピタルを招いて製品を評価してもらい、前向きな評決が得られれば、投資家の協力を得て会社を設立してブランディングや販路を確立する。

なお、アメリカのメディア産業で認知されたＤＪＩの製品は、『エージェント・オブ・シールド』『モダン・ファミリー』『国土安全保障』といったアメリカのテレビドラマの撮影でも使われている。そのほか、ＤＪＩは、カンヌ国際映画祭やＩＴ企業アドビのシンポジウムへ参加したり、モンゴルラリーのスポンサーも務めたりすることで、国外での認知度を高めるようにしてきた。

3 中国テイストの模索——奇瑞、吉利、長城汽車の事例

欧米車のコピーとして出発した中国の自動車メーカーは、そのデザインの盗用をたびたび訴えられたため、その後は主に欧米人のカーデザイナーをデザイン責任者に任用したり、イタリアのカーデザイン会社にデザインを外注したりするなどして、中国独自のファミリーフ

ィーリングを持った自動車を開発してきた。(16)

奇瑞の QQme

1997年に設立された奇瑞汽車（チェリー自動車）も、イタリアのピニンファリーナ社やトリノデザイン社にデザインを外注しつつ、欧米車のコピーであるA11（VW〔フォルクスワーゲン〕のSEAT TOLEDOのコピー）やQQ（GM大宇《だいう》のマティスのコピー）などを刷新してきた。ここでは、2009年に発売されたQQmeの事例を取り上げる。

奇瑞・QQは、GM大宇の小型車マティスのコピーであると訴えられていたため（図4—8）、その後続車であるQQmeには、独自のファミリーフィーリングが求められた。そもそも大宇・マティスはジョルジェット・ジウジアーロがデザインしたフィアット・ルッチョラのコピーであったため、奇瑞・QQは「コピーのコピー」であった。

「ルッチョラがマティスになる」ことを許可したジウジアーロとは異なり、2004年に始まったQQmeのデザインプロジェクトを率いたエンリコ・フミアは、自らがフィアットのためにデザインしたミティカ（図4—9左。未発売）をQQmeにしたくはなかったため、左右前後対称というミティカのコンセプトを別の仕方で繰り返すこととなった。というのもミティカの目鼻立ちはフィアットに属するファミリーフィーリングを感じさせるものであった

フィアット・ルッチョラ　　大宇・マティス

奇瑞・QQ

図4—8　コピーのコピーであった奇瑞・QQ[17]

からである。

フミアによると、前後左右対称というコンセプトは、「任意のn通りの仕方で着飾る」[18]ことができ、それはあたかもゴッホの連作のどの「ひまわり」にもゴッホらしさが感じられるのと同じであるという。言ってみれば、パガニーニがさまざまな曲を弾いたとしても、どの演奏にもパガニーニらしさを感じさせるテイストがあるのであって、アーティストとしてのカーデザイナーにもそういったテイストがあるわけである。そしてそういったテイストを気に入った人がファン（ユーザー）となるので、デザイン経営では、テイストが前面に打ち出される。

図4―9　前後左右対称というコンセプトに基づくミティカ（左）およびCATジョジョッド（右）[19]

結局、QQmeは、自動車部品と電気配線を手掛けるイタリア・トリノのCAT社のためにフミアがデザインしたジョジョッド（図4―9右）と、ミティカ（図4―9左）を折衷した、蛙《かえる》の眼のようなヘッドライトを備えたフロントビューとなった（図4―10）。子ネズミを感じさせるミティカやジョジョッドから、蛙を感じさせるQQmeへの変換がここで行われている。

QQmeの原寸大の模型の制作は、ピニンファリーナ社を引退した模型制作職人であるフランコ・オベルトがポリウレタンを用いて行い、制作された模型がデジタルスキャンされた。最初からCADを用いて設計するとデフォルメされるべきところがされず、凡庸なデザインになるとフミアは述

図4—10　市販されたQQmeの出で立ち(20)

べる。

しかしながら、量産車は、デジタルスキャンされた模型通りに作られなかった。左右のオーバーハングと側面の窓ガラスが左右対称でなく、またドアの取っ手部分の窪《くぼ》みも上下対称ではなかった。対称にするためには、シャシーを15㎝ほど延長しなければならないが、これに対してエンジニアリング部門が難色を示したのである。このようにデザイナーが提唱する基本コンセプトに沿った量産車が作られなかったという点で、当時の奇瑞汽車ではデザイン経営の実践ができていなかった。

中国テイストを実現するピーター・ホーバリー

次に吉利汽車（ジーリー自動車）を取り上げる。

１９９７年創業の吉利汽車は、ボルボ、ロータス、ダイムラーなどを親会社を通じて買収し、中国大手の自動車会社となった。２０２１年にはＥＶ専用ブランドのZeekrを立ち上げるなどＥＶにも力を入れている。２０１１年から２０２１年まで同社のデザインを率いたのは、フォード出身のピーター・ホーバリーである。その抜擢《ばってき》理由は、フォードの前に勤めていたボルボでスウェーデンの建築や家具の要素をデザインに取り入れ、ベンツ等のドイツ車と肩を並べるまでボルボを若返らせたことにある。

「ジーリー３・０」と呼ばれるデザイン組織を率いたホーバリーの狙いは、中国の伝統文化を踏まえた中国テイストを感じさせる吉利車——それはまた中国人が誇りに思うような車でもある——をデザインして国外に輸出することであった。そのためホーバリーは書道を意識して、ペンではなく毛筆でスケッチすると全く異なった効果が得られることを部下のデザイナーに説いたりしている。

２０１６年に中国のカー・オブ・ザ・イヤーを受賞したＧＣ９（図４―11下）は、杭州《こうしゅう》の名所である「断橋」をイメージしたダッシュボード（図４―11上）や回紋にヒントを得たスピーカー（図４―11中）などを備え、中国テイストが実現されている（仏具のマニ車にも描か

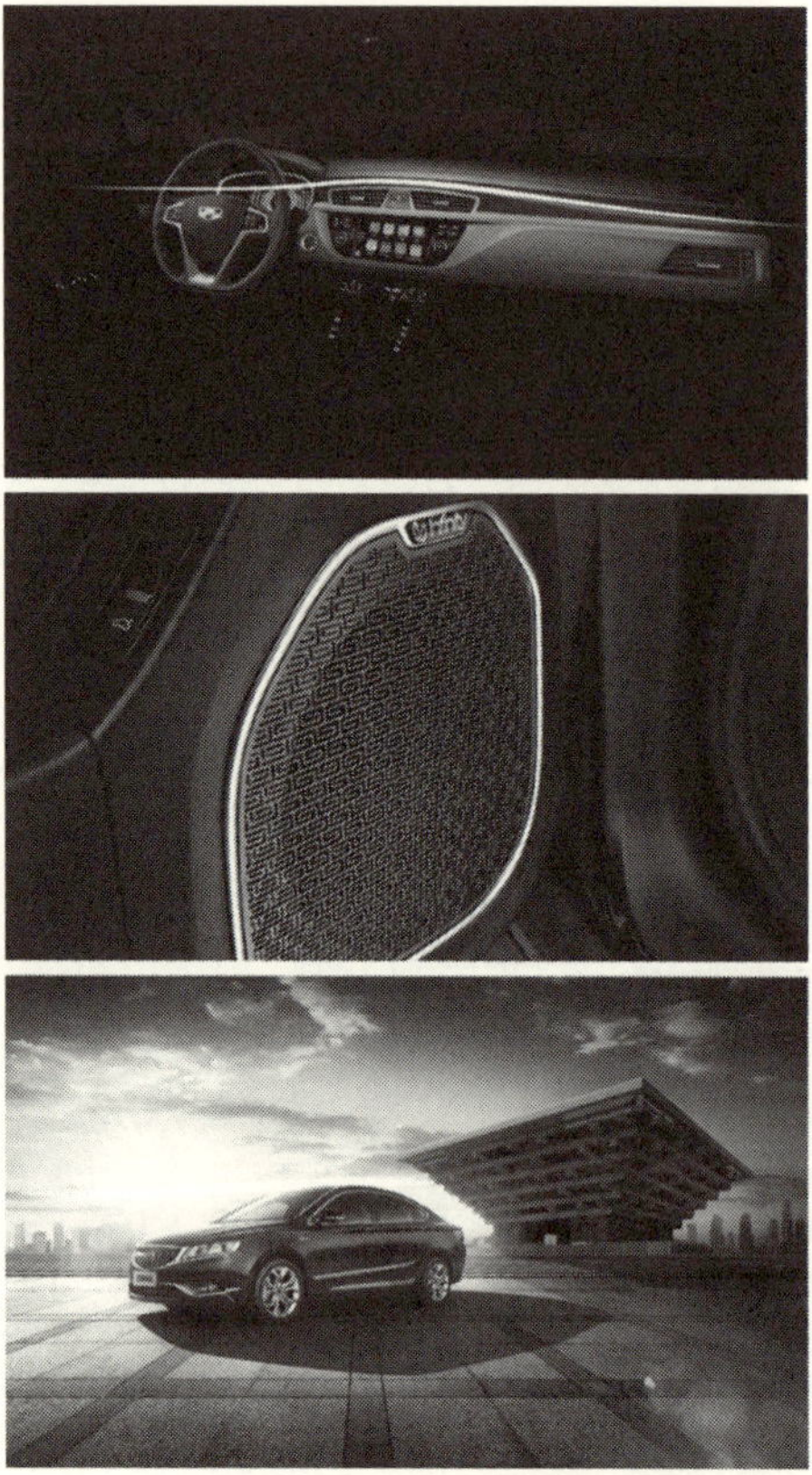

図4—11　GC9（下）のダッシュボード（上）とスピーカー（中）[21]

れている回紋の「回」には、「富貴、吉祥は終わらない」という意味がある)。

なお、ホーバリーは、上海《シャンハイ》汽車とGMの合弁会社から発売されたビュイックもデザインしている（図4—12)。瑠璃《るり》ガラスのようなヘッドライトを備えた猪《いのしし》のようなビュイックは、富裕層向けの高級ミニバンであり、その後部座席のシートは、皇帝の玉座のように乗客を包

図4―12　ビュイック[22]

み込む仕様である。その理由として、中国ではシャープというよりは丸みを帯びたデザインが好まれ、また中国の富裕層は、車高の低いスポーツカーよりも、ロールス・ロイスのようなスーパーサルーンを好むことが挙げられる。

２０１７年のジーリーのMPVコンセプト（図4―13下）では、眼球を強く意識し、流れるような眉毛を意識したヘッドライト（図4―13上）と、紙の提灯《ちょうちん》に着想を得た後部ライトが特徴的である（図4―13中）。

車のフロントビューを人間の顔面だとみなすホーバリーは、アメリカ人が一般に綺麗《きれい》な歯並びをよしとする美意識を持つことを踏まえ、人間でいえば口の部分であるグリルを「歯並びよく」したフォード車をかつてデザインしたことがある。彼によると、グリルが「口」であることは東西共通であるが、ヘッドライトが眼を表すことは、東洋に限ってのことであり、西洋では2つの眼が入っているようにイメージされるのは、フロントガラスである。東洋では円錐《えんすい》のかたちをした笠《かさ》を浅く被って広い額を見せつつ農作業する経験があったことを踏まえると、フロントガラスは額とみなされるという。他方、西洋では帽子を深く被るので、ちょうどフロントガラスのところに眼があるようなイメージを抱く、とホーバリーは述べる。[24]

図4—13　MPVコンセプト（下）のヘッドライト（上）と後部ライト（中）[23]

ORA R1（黒猫）

ORA グッドキャット（好猫）

ORA バレエキャット

ORA ライトニングキャット

図４―14　猫をモチーフとしたORA シリーズ(25)

難しかったレディースカーが成立

続いて長城汽車の事例を取り上げる。

１９８４年創業の長城汽車は、ピックアップトラックで成功を収めた後、２０１８年より猫をモチーフとしたＥＶのＯＲＡ（欧拉）シリーズを発売し、女性向けの車（レディースカー）の市場が中国で成立することを証明した。「黒い猫でも白い猫でもネズミを捕るのが良い猫だ」という鄧小平《とうしょうへい》の言葉にちなんで、ＯＲＡＲ１は「黒猫」、Ｒ２は「白猫」と改名され、「好猫（グッドキャット）」も登場した（図４―14）。

このようにＯＲＡは、そのネーミングが話題になったモデルである。「黒猫」（Ｒ１）は、ルノー・トゥインゴに似ており、ＯＲＡライトニングキャットもポルシェのパナメーラを彷彿とさせる。さらに、ORAパンクキャットおよびバレエキャットは、VWのビートルのオマージュであるが、任意の欧米車の外観に似ていようとも、それらを猫をモチーフとしたレディースカーへとことごとく改変し、1億6200万人ともいわれる中国の女性ドライバーを主要顧客とするのがORAシリーズの狙いである。女性にとって車が大きなアクセサリーを意味するならば、「ダッジ・ラ・ファム」などの過去のレディースカーは、大きすぎるのであって、小さくて可愛《かわい》いアクセサリーのような小型車であることが現代のレディースカーの条件である。ORAの主要顧客である女性たちは、愛情を込めてORAのことを「ペットの猫」と呼んでいる。

中国のデザイン経営は、国策によって高度化したエンジニアリングと欧米から模倣したデザインとを組み合わせている点にその特徴がある。欧米のデザインを模倣する一方で、中国人デザイナーの育成にも力を入れて、優れたかたちを備えたメイド・イン・チャイナを輸出しようとしているのである。

第5章

デザイン重視のトップがグローバル競争に乗り出す

韓国

韓国では、サムスン電子がトップダウンでデザイン経営を導入して成功したことはよく知られている。2010年代にはサムスンに続いて現代（Hyundai）自動車グループも、流体彫刻のデザイン哲学に基づき、ソナタなどの名車を生み出した。

韓国のデザイン経営の特徴は、企業トップの強烈なリーダーシップによるデザイン経営の全社的な導入である。具体的には、世界各地にデザイン研究所を作って、常時デザインプロジェクトを走らせることで、美観を備えた製品やユーザーインターフェース（UI）に優れた製品を世界市場に送り出してきた。

図5―1は、デザインの持つ3つの意味をバランスよく交えた韓国型のデザインプロジェクトを示したものである。かたちの美しさが問題となる工業デザインでは、世界各国の社外デザイナーと提携する一方で、シームレスなユーザーインターフェースが求められるスマートフォンの開発などでは、デザイン思考に基づいたソフトウェアの設計能力を高めている。

工学的側面についてサムスン電子の事例を挙げるならば、平面ではなく立体的に記憶素子を配置する縦型構造のNAND型フラッシュメモリや、微細加工技術（極端紫外線〔EUV〕露光プロセス）を適用したDRAMなどを他社に先駆けて実用化できたが[1]、これには大学からサムスンの研究所へとシームレスにエンジニアの育成が可能な体制を取っていることが大きい（サムスンが成均館《ソンギュンガン》大学と共同で設置した半導体システム工学科や、鉄鋼大手のポスコが設立した浦項《ポハン》工科大学などは、韓国の工学教育において大企業の果たす役割が大きいことを証し立てている[2]）。

1　自社の哲学を反映させる——サムスン電子の事例

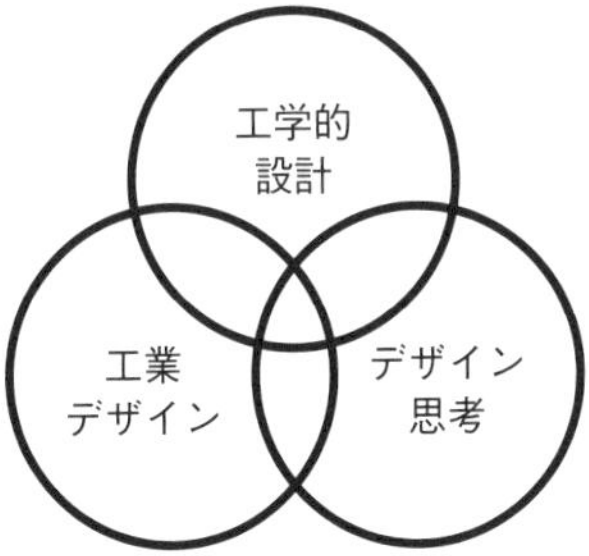

図5—1　韓国型のデザインプロジェクト

第1次デザイン革命宣言

1993年、サムスン電子の李健熙《イゴンヒ》会長は、元NECのデザイナーで、当時サムスンのデザイン顧問だった福《ふく》田《だ》民《たみ》郎《お》による、サムスンの問題点を指摘したレポートを読み、デザイン重視の「新経営」を宣言することとなる[3]。そのレポートは、デザイン力のみならず、技術やマーケティングなど、商品の創造能力全般がサムスンに不足しており、このままでは世界に通用する企業にならないことを指摘するものであった。さらに今後の方向性として、コスト計算や

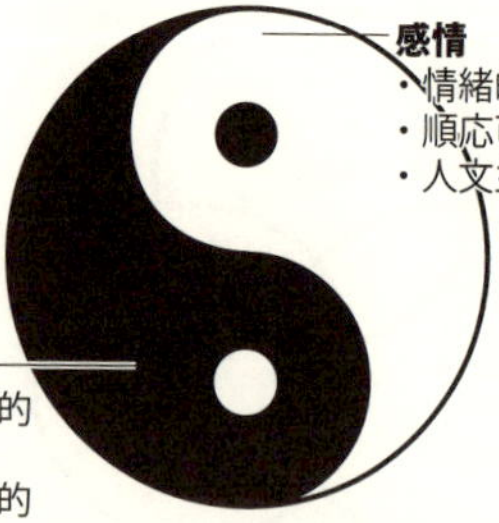

図5―2　サムスンの陰陽太極図[5]

世界市場における競争状況の分析まで行ったうえで、企画からモノ作りまでの総合的な提案力を備えたデザインセンターが必要であることも示された[4]。

福田レポートを受けて宣言された「新経営」では、市場で入手可能な生産技術は似たり寄ったりであるので、製品の個性化のためにはデザインが最も重要であることを強調している。その後、1996年には第1次デザイン革命が宣言され、21世紀の勝者は、企業にとって最も重要な資産であるデザインや創造性によって決まるため、サムスンの哲学や真髄を反映するような独自のデザインを発展させるという方針が示された。図5―2の陰陽太極図（白色〔右側〕が「陽」、黒色が「陰」を表しており、天地万物あらゆるものが陰と陽のバランスによって成り立つことを示す）は、サムスンの基本的なデザイン哲学を示したものである。

このデザイン哲学に従って、世界市場を幾つかに分割し、各市場の将来のライフスタイルを踏まえたうえで、理性と感情のバランスを取るようなデザインが各市場で行われる。たとえば、北米市場では、耐久性（製品の技術的側面）と躍動感（製品の情緒的側面）を両立させる一方で、ヨーロッパ市場では、ミニマル・アート的性格（製品の知的側面）と製品の情緒的側面とを兼ね備えたものとする、といった具合である。アジア市場では、ハイテクと可愛らしさを両立させたデザインとされた。

各市場の将来のライフスタイルを踏まえたデザインを行うため、サムスンはミラノや上海にデザイン経営センターを作って、世界各国のデザイナーと自社のデザイナーが常時協業するようなデザインプロジェクトを走らせた。

第2次デザイン革命宣言と4つの目標

2005年には、第2次デザイン革命が宣言され、以下の4点が目標として挙げられた。(1)注目に値するデザインを創り、ユーザーインターフェース上のアイデンティティを確立する。(2)世界で最良のデザイナーを雇い入れる。(3)創造的な企業組織を構築する。(4)鋳型（溶融金属を注入して鋳物を作るための型）に関する技術基盤を強化する。

アメリカ型のデザイン思考の領域である(1)のユーザーインターフェースに関しては、ユーザー経験に焦点を当てた分析を行うと同時に、ユーザーインターフェース関連のソフトウェア技術者も拡充した。その結果、非常に滑らかなペン入力が可能なスマートフォンであるギャラクシーノートの誕生に資することとなった。(2)に関しては、その後、ジョルジオ・アル

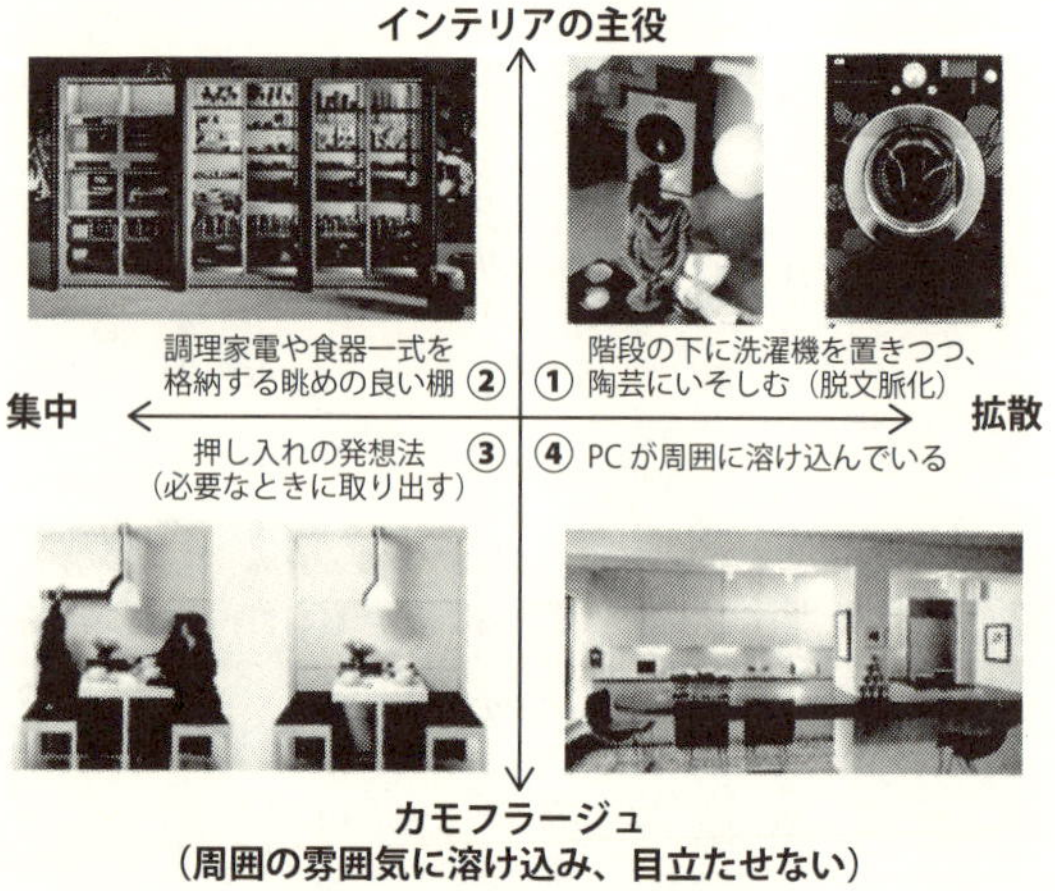

図5—3　家電の布置に関する考え方[6]

マーニや、ジャスパー・モリソン、クリス・バングルといった著名なデザイナーと提携し、インテリアとしての〝かたち〟が問題となる家電の開発に活かされた。こういった著名デザイナーとの提携は、ブランド価値の向上および自社デザイナーの育成にも効果的である。

家電の布置によるデザインの違い

次に、サムスンのテレビを評価するため、家電の布置に関する考え方を示しておく（図5—3）。

まず、「家電などの設備をインテリアの主役として目立たせるか⇕周囲のインテリアに溶け込ませて目立たせないようにするか（カモフラージュ）」という縦軸と、それらの家電設備を「住居内で拡散させるか⇕1ヵ所に集中させるか」、という横軸から、４つのパターンが導き出される。

第１象限で示されているのは、インテリアの主役としての洗濯機であり、階段の下に設置されるという意味で拡散パターンに準じている。第２象限は、主役―集中パターンであり、調理家電や食器一式を格納する眺めの良い棚がインテリアの主役となっている。第３象限は、カモフラージュ―集中パターンであり、押し入れの発想法に基づき、必要な家電設備一式が棚に格納できるようになっている。第４象限は、カモフラージュ―拡散パターンであり、ＰＣが周囲に溶け込んで目立たない。

２００５年に発売された、古代ローマの盾をあしらった下辺がＶ字形のテレビ「ローマ」[7]も、２００６年のワイングラスのかたちをイメージしたテレビ「ボルドー」も、すっきりとした美観を備えているため、点《つ》けていないときにさほど目立たず、他のインテリア要素を邪魔しないという点にその成功要因がある（図５―４上、左下）。他方、近年の壁掛けテレビの「フレーム」や、スリムで取り外し可能な四本脚を持つ「セリフ」（図５―４右下）などは、点いていないときにはデジタルな「絵画」を表示するのでインテリアの主役となり得る。

２００６年にアメリカのデザイン賞（ＣＥＳイノベーション賞）を獲得した冷蔵庫の「クアトロ」は、湿度と温度を個別に制御できる４つの冷蔵庫を１つに統合するというコンセプトを実現したものである。これもまた、その色を変えることでインテリアの主役として目立た

ローマ（手前）

ボルドー

セリフ

図5—4　サムスンのテレビ(8)

せることができる（インテリアの主役にしないならば、戸棚の中に格納して目立たないように隠さねばなるまい）。

〝すっきり〟とした見た目の実現

サムスンは、各地に作られたデザイン経営センターの拠点から、イタリア人が〝かたち〟に強い一方で、イギリス人がエンジニアリングに、そして日本人が入念な仕上げに、アメリカ人が実用主義に強みがあることを把握しており、ミラノのデザイナーが手掛けた「ボルドー」のスリムなデザイン案を原案通り実現するよう、自社のエンジニアたちに再検討させた。また、直接目に触れなくとも製品のクオリティ向上に寄与するため、テレビの表面に加えて裏面も光沢のある仕上げを実現せよとデザイナーがエンジニアたちに要求し、これは受け入れられた。このことは、１９９０年代初頭までエンジニアの配下にデザイナーが配置されていたことを考えると隔世の感がある。

なお、「ボルドー」が生まれる前に、サムスンは、スピーカーを目立たないようにテレビ下部に移動し、コントロールボタンを側面に配置するなどして、すっきりとした見た目を備えたテレビが受け入れられるかどうか、欧州市場で実験している。この実験が成功したため、テレビのデザインの優先順位は⑴画質、⑵音質、⑶操作性、⑷かたちである、という固定観念をサムスンの経営陣は再考し、最も重要なのは(4)の〝かたち〟であることが分かったのである。

サムスンの事例から分かることは、ギャラクシーノートなど、ユーザーインターフェースが問題となるデザインでは、アメリカのデザイン思考を活用する一方で、家電などのインテリア上の美観が問題となるデザインでは、かたちの専門家である工業デザイナーと協業しつつ、インテリアの主役になり得ないなら目立たないように〝すっきり〟させるというメリハリを利かせているということである。

そしてエンジニアは、デザイナーの当初案の実現に力を尽くすため、図5―1で示したようなバランスの取れたデザイン経営を行っているといえよう。工学的設計という面でも、研究開発にエンジニアリング部門が力を入れ、凹面テレビや8K QLED（有機EL）テレビなどを矢継ぎ早に世に出している。

2 韓国初のデザイン研究所――LGエレクトロニクスの事例

見えないエアコン、消えるテレビ

総合家電メーカーであるLGエレクトロニクスは、1983年に韓国ではじめて総合デザィン研究所を設立し、同年に韓国初の工業デザインコンテストを開催した。[9] 1991年には、韓国財閥系企業ではじめてデザイナーを役員に任命するとともにアイルランドのダブリンにデザイン研究所を作って、ヨーロッパ市場のトレンドを踏まえた製品デザインを行っている。1999年には第1回「韓国デザイン経営賞」を受賞するなど、サムスン同様、デザイン経営を積極的に推進している。2006年には、同社のノートパソコンと壁掛け型のプロジェクターが、国際的なプロダクトデザイン賞であるレッド・ドット・デザイン賞を同時に受賞するという快挙を成し遂げた。同社は同年、ソウルにて「デザインマネジメント宣言」式典を行っている。

LGエレクトロニクスは、2007年にマドリードで開催された国際空調・冷凍展に、まるで壁に掛けた絵画のように薄くて軽いエアコンである「アートクール・ギャラリー」を含む、40種類のエアコンを展示した。家電の布置に関する考え方（図5―3）から考えると、このアートクール・ギャラリーは、壁に掛けられた絵画としても機能するため、通常のエアコンのように天井等に隠して目立たなくする必要がない。

さてLGエレクトロニクスは、最上位ブランドの「シグネチャー」シリーズを2016年に発売した。その中には、2020年に発売された「見ないときには巻き取って収納可能にした有機ELテレビ（OLEDテレビ）」も含まれる。この「消えるテレビ」は、室内を歩く

図5—5　蚊を寄せ付けないエアコン(10)

につれて、あるいは階段を上ったり下りたりするにつれて、さまざまな室内の眺めを見て楽しめるような理想のインテリアのなかで邪魔にならない。家電の布置に関する考え方（図5—3）からは、この消えるテレビは、収納時にはインテリアの主役の座を降りるようなテレビだといえよう。

サムスン同様、LGエレクトロニクスも現地のトレンドを踏まえた製品開発を実施しており、アフリカ市場向けに開発された、マラリアを媒介する蚊を超音波を用いて追い払うエアコンなどはその一例である（図5—5）。

1万3000パターンの床材

韓国最大の建材企業であるLGハウシス（現LXハウシス）の事例もまた、インテリア重視のデザイン経営の事例として興味深い（LXハウシスは、2021年にLGエレクトロニクスを擁するLGグループからLGインターナショナル、シリコンワークス、LG MMAとともに分かれた）。LGハウシスは、2009年にデザイナーのアレッサンドロ・メンディーニと協業して、1万3000パターンもの多彩なカラーを融合させた床材である「メンディーニ・フローリング」（図5—6）を生み出した。これにより同社は、デザイン主導の企業として世界中で認知されることとなった。

フローリングのパターンを考えるさいにメンディーニは、「視覚思考（pensiero visivo）[12]」と呼ばれるものを用いた。これは、さまざまな図案記号（模様）を組み合わせては解体したり、図案記号のバラエティを増やしたり、簡素化したジェスチャーとしての図案記号を考えたりするといった方法を、モノの表面に意識的に適用することである。

図5—6　メンディーニ・フローリングの例[11]

通常のデザインプロジェクトが持つ制約に縛られない視覚思考は、図案記号を考えるさいにファンタジーのような自由なイメージ形成が求められ、結果として生み出された図案記号には、さまざまなメッセージが込められることになる。デザインプロ

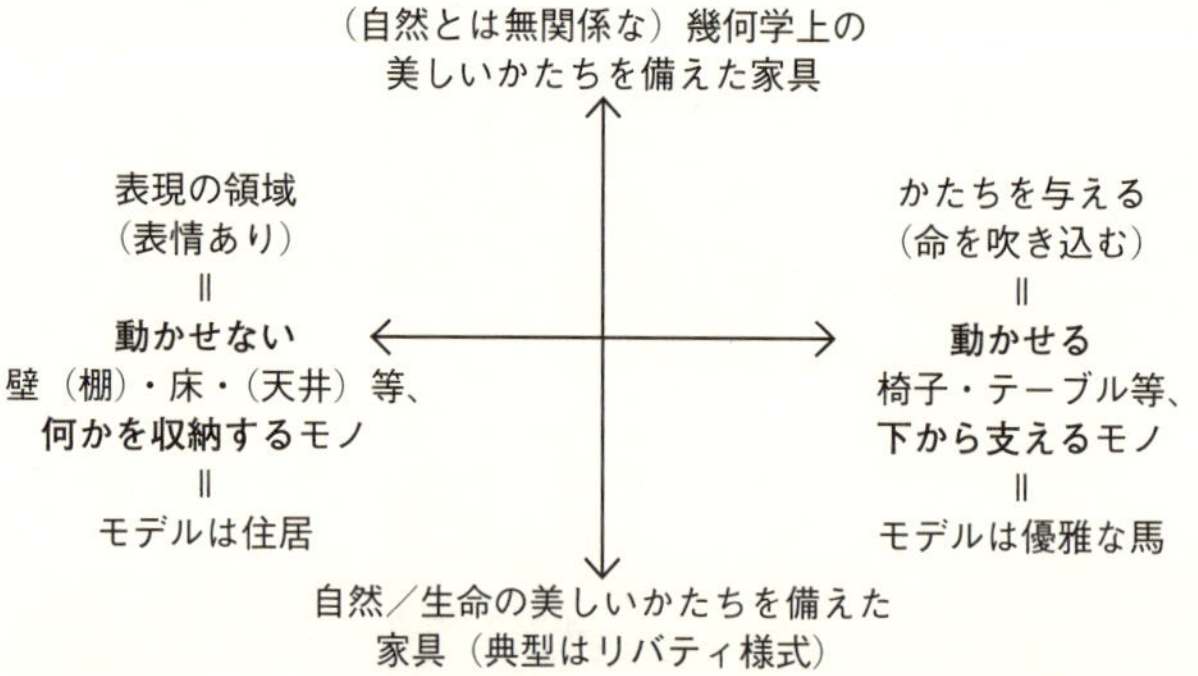

図5—7　インテリアの原則(13)

ジェクトを行うことと対立する「図案記号を考えること」に注力するメンディーニにとって、デザインとはコミュニケーションを意味するのだ。

ここでメンディーニ・フローリングの意義を述べるために、イタリアが確立したインテリアの原則（図5—7）を説明する。

図5—7の「動かせない⇕動かせる」の横軸は、すべての家具が、下から何かを支える系列の家具と、何かを収納する系列の家具に分かれるとする、文芸批評家のマリオ・プラーツの分類に従っている。

イタリア語で家具を示すmobileは動かせるモノという意味であり、動かせる家具としての椅子やテーブルは、下から何かを支える系列に属し、そのモデルは、軽快で優雅な馬である（古代ギリシャの椅子クリスモスの脚先は、神性を帯びた馬の蹄《ひづめ》を表している）。そしてこの系列の家具は、コンセプトに対して〝かたち〟を与えることによって創られる（ピノキオがその典型であり、かたちを与えることは「命を吹き込むこと」と同義である）。

他方、壁（棚）、床、天井は、動かせない（immobile）系列に属し、表情（表現＝rappresentazione）を考えねばならない。この系列の家具は、何かを収納する箱のようなモノであり、そのモデルは住居である。天井には何かを収納する機能はないものの、もっぱら見て楽しむモノとしての機能があり、たとえば「吊り天井」といった装飾を施すことで表情豊かにすることができる。さらに、床も、歩き回るにつれて、多少の起伏を伴う幾何学的なタイルから成る模様を眺めて楽しめるようであったほうがよい。壁も、「戸棚のなかには無限の無秩序から家をまもる秩序の中心がいきている」[14]と科学哲学者のガストン・バシュラールが述べているように、カラフルな収納棚の機能を備えた壁があれば、整理整頓された秩序を家にもたらしつつ、インテリアとしても映える（そういった棚にしまい込まれた衣装は、季節の移り変わりと家族の歴史を刻んでいる）。

これらの壁（棚）、床、天井を、見て楽しんで詩情を感じさせるようにしておけば、どのように家具を入れ替えても、その空間は常に美しく秩序を保っているのであり、デザイナーのジオ・ポンティは、そういった表情のある壁（棚）、床、天井を備えた空間を、居室（camera）ではなく、部屋（stanza）と呼んでいる（居室〔camera〕は、部屋の雰囲気が置かれている家具に依存しており、他方、部屋〔stanza〕は、〔家具ではなく〕壁／天井／床が部屋の詩的な雰囲気を作る)。

インテリアの原則(図5―7)に戻ると、詩情を感じさせる壁(棚)、床、天井を備えた部屋を実現できるならば、室内に置く家具調度品一式にさほど気を使わなくても室内の景観は保たれるので、床のデザインは重要になる。1万3000ものパターンを持つメンディーニ・フローリングを用いて、インテリアデザイナーは、壁(棚)⇕床⇕天井の間のふさわしい対応関係について考えることができる。

なお、壁(棚)⇕床⇕天井の間のふさわしい対応関係を考える指針は、ジオ・ポンティによって与えられている[15]。ジオ・ポンティは、支える力が強い大理石等の石の床には大理石の壁が似合う一方で、そういった石の床に家具等を置くとそれらの家具は一時的に横たわっているようであり(石の床に置かれた家具は容易に動かせる感じを与える)、さらにそういった石の床は明るいので天井のほうは暗くすべきだとしている。一方で、天井のほうが明るくて床が暗い場合もある。黒い光沢のある床は、湖のようであり、我々はそういった湖に溺れないためにダンスしたくなる、とも述べている(そういった床にモノを置くと浮かんでいるように見える)。寝室でダンスしたくなるのは不適切なので、寝室には黒い光沢のある床は似つかわしくない。そして、床が木材なら木材や布地でできた壁が求められ、敷物の床には布地や紙の壁が似合い、マジョリカ焼き等から成る色彩のある床は、「草原」なので、明るい天井や朝の空を求めるとも述べている。要するに壁（棚）⇕床⇕天井の間には、素材および表現に応じたふさわしい対応関係を考えることが重要なのだ。

ＬＧハウシスはその後も、工業デザイナーであるカリム・ラシッドと提携してタイルなどの表面材を開発したり、ファッションデザイナーであるヴェラ・ワンと提携して壁紙を発売するなど、著名デザイナーとの協業を推進した。

インテリアデザインのトレンドを予測する雑誌『ideees』も発行していたＬＧハウシスは、２００６年、インテリアのトータルソリューションブランドである「Z:IN」を立ち上げ、レッド・ドット・デザイン賞を受賞することとなった。２０１０年には、インテリア文化を訴求する「Z:IN」のショールームをリニューアルしている。同年、ＩＤＥＯと提携することで、将来の窓のデザインを構想する「オープンウィンドウ」プロジェクトも開始した。

3　ファミリーフィーリングの構築――現代自動車グループの事例

シュライヤーによる起亜自動車のデザイン

韓国の自動車産業は、通常１世紀かかるところ、僅か30年で工業化を達成した「漢江《ハンガン》の奇

図5―8　起亜のファミリーフィーリング
：虎の鼻をイメージしたグリル[17]

跡」の立役者である。[16] 現代自動車グループの2022年の販売台数は、GMを上回って世界第3位（684万台）である。2005年に現代自動車傘下の起亜《キア》自動車の社長に就任した鄭義宣《チョンウィソン》は、デザイン経営に力を入れ、2006年にアウディ出身のペーター・シュライヤーを最高デザイン責任者に任じた。2012年から2018年まで起亜自動車社長、2013年から現代自動車グループ最高デザイン責任者（CDO）兼社長を務めたシュライヤーは、今日の現代自動車グループを躍進させる原動力となった。

彼が傑作と考えるのは、ジョルジェット・ジウジァーロがデザインしたゴルフMk1とフィアットのパンダであり、2006年以降の起亜自動車のデザインの特徴である「真《ま》っ直《す》ぐなキャラクターラインの簡素さ」も、ジウジァーロに由来する。ユーザーがブランドを識別可能なようにデザインしたジウジァーロに倣って、シュライヤーもまた、ファミリーフィーリングを欠いていた起亜自動車のフロントビューに、「虎の鼻」をモチーフとしたグリルを採用し、起亜自動車のデザインの特徴とした（図5―8）。

シュライヤーのデザインのルーツはバウハウス（1919年に建築家ヴァルター・グロピウスによってドイツのワイマールに設立された芸術学校）にあり、彼がミュンヘン大学で受けた教育は、色彩と素材の性質に関する基本コンセプトを教えるバウハウスの基礎教育に準じたものであった。そのため彼は、素材として木材ではなく鉄のチューブを用いて作った、マルセル・ブロイヤーによるワシリーチェアなどを高く評価する。また彼は、「かたちは機能に従う」という工業デザインの原則に留保を付け、空力学的に美しい〝かたち〟だからこそ機能的であることもある、と述べている。ここでシュライヤーによる「5つのデザイン原則」を確認しておく[18]。

その第1は、「プロポーションがすべてである」。これは、美しく調和に満ちた全体の根底に数学的な均衡があることを指摘したジウジァーロ由来のものである。具体的には、車の構成要素単体にズームインしようとも、ズームアウトして離れた位置からボディ全体を眺めようとも、その佇《たたず》まいにバランスが取れていることが望ましく、そのためには車室と車体とのバランスや窓とピラー（屋根を支える柱部分）の位置による印象の違いなどに配慮しなければならない。車の周囲を一周してプロポーションの良さを確認できれば、どの角度から見ても調和の取れた「彫刻作品」となるのである。

第2は、「テーマを見つけてそれに従う」。そのためには「ワイルド」や「スポーティ」といった手垢《てあか》の付いた紋切り型の言葉ではなく、情感豊かな詩的な言葉を使う必要がある。たとえば、起亜の「ソネット」をデザインしたさいには、シュライヤーは「子どもの象」というイメージを担当デザイナーから聞き出した。

第3は、「車内のインテリアデザインはスタイリングではなく建築である」。機器類の位置を決めるさいには、実際に自分で使ってみて使いやすいようにデザインすればよいというわけである。

第4は、「主流派を乗り越えて進む」。これは流行に左右されない自分独自のデザインを追求するということである。

最後は、「アナログが個性を作る」。これはアイディアを出すさいにアナログのグラファイト鉛筆などを使ったりすることで、コンピューターを用いることによるエイリアンのようなデザインを避けることができるという意味である。

現代自動車のテイスト

鄭義宣は2009年に現代自動車の副会長に就任し、現代自動車ブランドにファミリーフィーリングをもたらすものとして、南陽《ナミャン》デザインセンター長であった呉錫根《オソックン》が提案する「流体彫刻」のコンセプトを採用した。これは、砂による彫刻である砂丘、流れる水、飛んでいる鳥などに「自然と芸術との融合」を見出すもので、駐車しているのに動いているかのように見える躍動的なデザインを目指すものであった。その後、流体彫刻のコンセプトは、「ソナタ」や「エラントラ」などで具体化され、SUV（スポーツ用多目的車）や軽量クラスには六角形のグリルを用い、中型車以上には翼のかたちをしたグリルを用いることで、フロントビューにおいても現代自動車特有のファミリーフィーリングを確保した（図5—9）。

前述のシュライヤーによると、起亜ブランドのイメージは、若々しくて機敏である一方で、現代ブランドは、一層クラシックかつ優雅だと位置づけて、両ブランド間でのイメージの混同を避けている。なお、現代自動車グループの会長だった鄭《チョン》夢九《モング》も、両ブランド間の差別化を図るべく、起亜と現代のデザイナーの交流を禁止していた。

シュライヤーが起亜に着任した2006年頃の韓国車の評価は、他社の猿真似《さるまね》に過ぎなかった。だが、ファミリーフィーリングを確立する試みを通じて、現代自動車グループは、フォロワーではなくトレンド創始者のポジションを得ることができたのである。

2019年に現代自動車がイタリア人のカーデザイナーであるフィリッポ・ペリーニを、高級車「ジェネシス」の後継車向けに採用したことは、それまでのドイツテイストに加えてイタリアテイストの車も作れるようになったことを意味している。なお、ペリーニもまた、縦と横や部分と全体のバランスを間違えないというイタリア人デザイナーの特長を備えてい

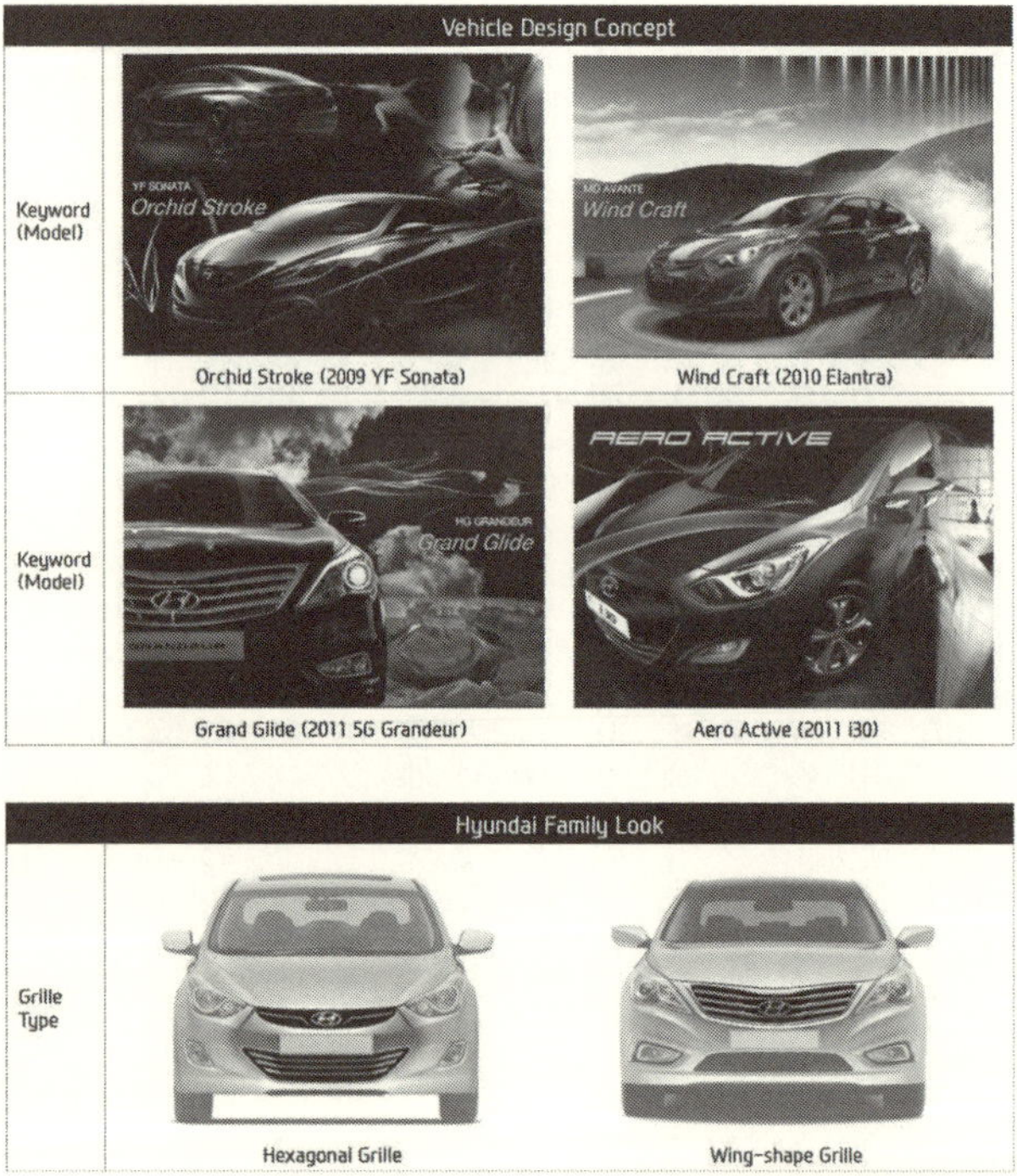

図5－9　現代自動車のファミリーフィーリングである流体彫刻(19)　下列左が6角形のグリル、右が翼の形をしたグリル

るが、これは、彼が育ったボッビオの街にあるロマネスク様式の建築物や美術作品から完璧《かんぺき》で美しいプロポーションを体得したからである[20]。ユーザーの性別・年齢・所得等によってではなく、テイスト（趣向）によって市場が細分化されている場合、イタリアテイストの車も作れるようになったことは同社の競争優位に繫がるだろう。

なお、デザイン経営を実践する企業は、協業するデザイナー集団を総入れ替えすることで、美学上の種々の様式美に応じたさまざまなかたちを生み出し、それによって自社のブランドイメージを何度でも刷新・再生することができることはよく知られている。たとえば、イタリアの家具メーカーのドリアデ社は、ネオバロックの精神を体現したボジェック・シーペックから、ミニマリズムを感じさせる伊東豊雄《いとうとよお》、また純粋なフォルムを旨とするアントニア・アストリから、官能性を感じさせるロン・アラッドなどのデザイナーを順次活用している[21]。同様に現代自動車グループも、さまざまな美学を反映したインダストリアル・アートとしての車を市場ごとにデザイン主導で開発していくだろう（北欧の章で取り上げるボルボも、新たなSUVを作るさいには、それまでのセダンのファミリーフィーリングとは異なるテイストを模索している）。

第6章

デザインプロジェクト中心の社風を創造する

日本

２０１８年に、「「デザイン経営」宣言」という報告書を経済産業省・特許庁が公表して以来、デザイン経営の導入が推奨され、アメリカのデザイン思考（ＩＤＥＯ社が提唱）を取り入れたプロジェクトを各社が走らせている（図６―１）。その中で、成功例として挙げられるのは、マツダやバルミューダ、そしてヤマハといった、例外的に大胆なデザイン経営を実施している企業である。

たとえばマツダは、２０１０年以降、モデラーと協業することで生命感をかたちにする「魂動デザイン」を推進し、海外でも評価されるようになった（マツダのデザインプロジェクトの特徴は、図６―２）。しかしながら、大半の企業は、デザイン経営の意義や効果に納得するところまで到達しておらず、日本企業のデザイン経営は、ようやく端緒についた段階であるといえよう。本章で取り上げるのは、例外的に大胆なデザイン経営を実施している事例である。

１　「造形係長」のＤＮＡ――ホンダの事例

グッドデザインの審美眼

ホンダ創業者の本田宗一郎《ほんだそういちろう》はスタッフから、「造形係長」と呼ばれていた。[1]これは、技術研究所の造形室に籠もって自らクレイモデルの制作に当たるほどデザイン好きだったためである。本田宗一郎にとって、自動車のデザインは「目で見る交響曲」であった。タイヤやハンドルといった要素が自らを主張しつつ、全体のバランスを崩さないようにしなければならず、そういったデザインが「パッと見てグー」と評された。ただし、そのバランスは黄金比等の比例法則を杓子定規《しゃくしじょうぎ》に適用したような数値計算一辺倒なものではなく（というのもデザイナーは幾何学者ではないのだから）、シンメトリーや比例の原則から少し外れたバランスのほうが「不調和の調和」を実現するので望ましい、と彼は述べている（19世紀の美術評論家ジョン・ラスキンは、このことを「すべての美しい線は、数学的な法則を、有機的に侵しつつ引かれ

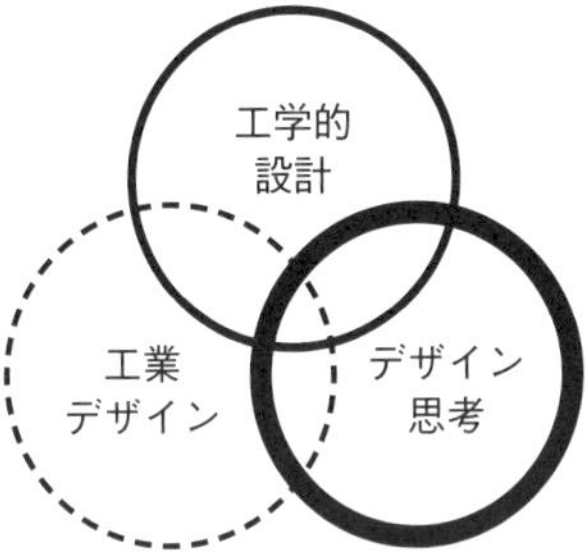

図6―1　日本のデザインプロジェクトの特徴

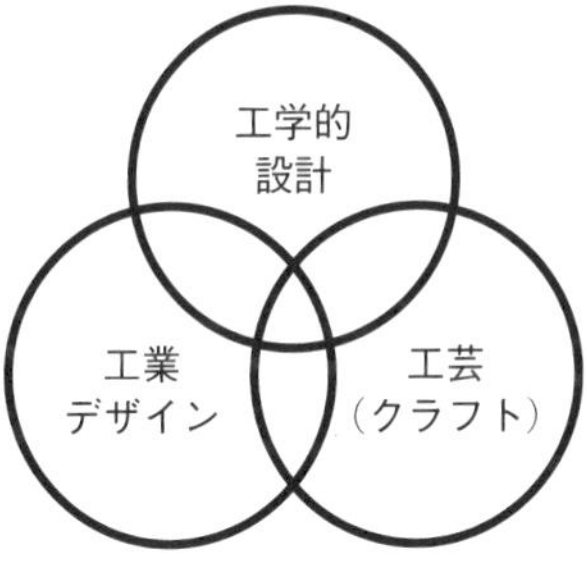

図6―2　マツダのデザインプロジェクトの特徴

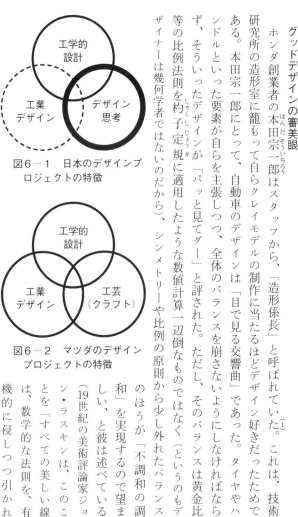

る」と記した)(2)。3次元の容積たる量塊《マッス》を感じさせないデザインは論外だが、量塊と量塊との間で少し捻《ひね》ったようなある種のバランスを取ることで、生き生きとした力動感を感じさせることが望ましく、他方、デザイン要素間にシンメトリーな点を設けることで、調和の感覚を創り出すことができる。スポイラーやアルミホイールといったアクセサリーも、ボディの輪郭線と響き合わせながら、他方で、ふくらみと重みを感じさせる「量塊」とも呼応するようにしたいところである。

なお、本田の見立てによれば、こういった点に配慮がなされたグッドデザインを解する美的判断力は、一般の人にも存するということである。

Honda e のデザイン

以下ではホンダの近年のカーデザインの例として、「Honda e」の事例を取り上げる。

主にヨーロッパ市場向けの小型電気自動車 Honda e の開発は、ヨーロッパの企業別平均燃費基準に対応することから始まった。そのコンセプトは、世の中にない新しいEVをゼロから作るというものだった。ヨーロッパ市場向けということもあり、デザインチームはEV普及率の高い北欧へライフスタイルの調査に赴き、「先進技術が人に寄り添うことで愛着の湧くデザイン」という方向性を定めた。図6—3は、Honda e の外観デザインのプロセスで

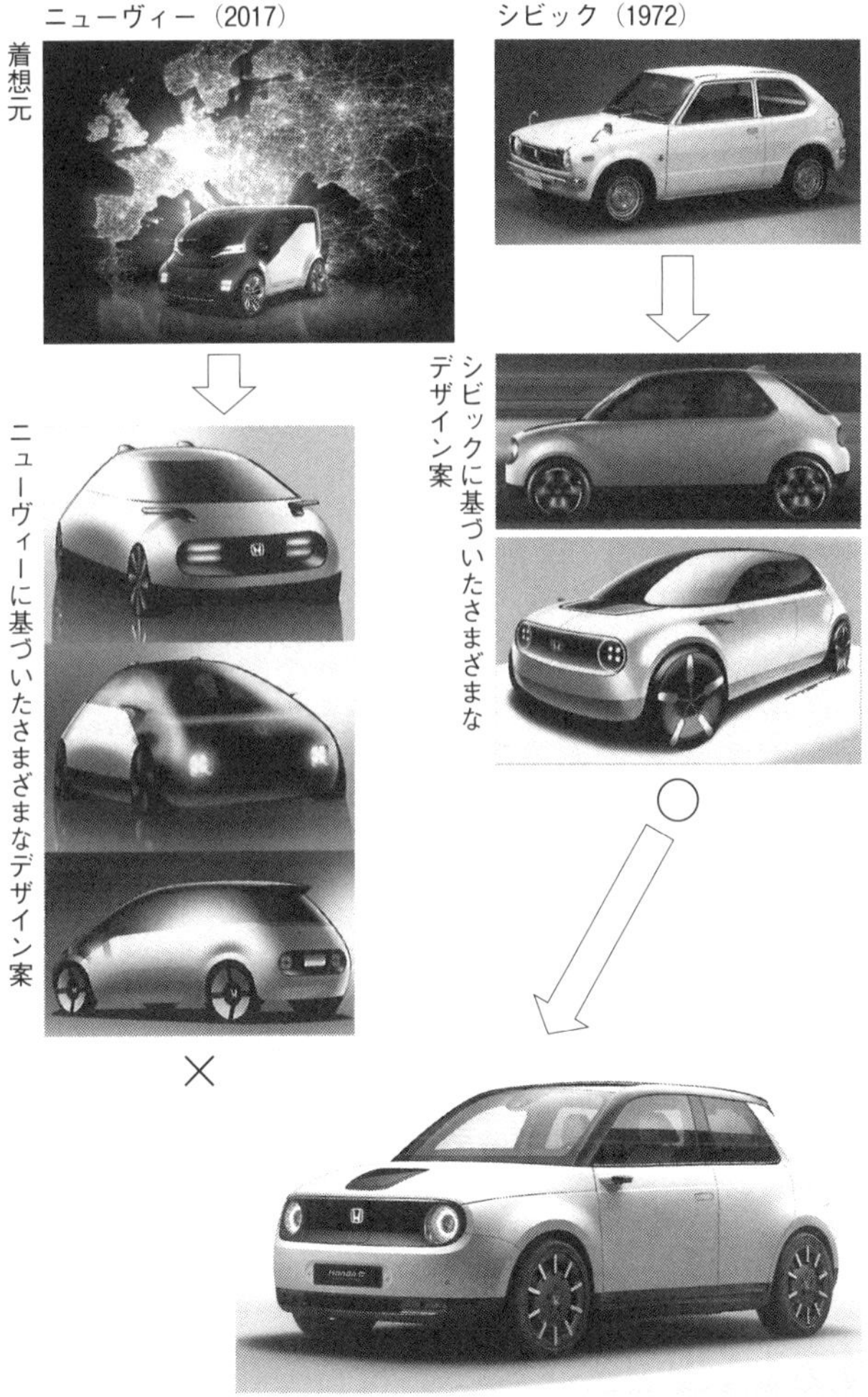

図6—3　Honda e の外観デザイン[3]

ある。

先進ＡＩ技術を搭載した「ニューヴィー」（NeuV、同社が２０１７年のコンシューマー・エレクトロニクス・ショーに出展したコンセプトカー）に着想を得た紡錘型《ぼうすいがた》のモノフォルムは却下され、初代シビックのような２ボックスタイプのデザインとなった。特にＣピラー（後席の後ろ部分のピラー）にその面影があり、全体として余分なものが削ぎ落とされた「ツルピカ」な感じとなった。言い換えれば、禅の精神を感じさせるような最もラインの少ない造形が実現した。サイドビューは、初代シビックを１１０％拡大したようなバランスであるが、これは後輪駆動でないと実現できなかった眺めであり、バッテリーを床下に敷き詰めることで低い重心とともに安定した走行ができるようになった。

なお、結果として実現したHonda eのかたちは、空力性能を追求した「ＦＣＸクラリティ」（２００８年に発売したセダン型燃料電池自動車）を含めて、それまでのどのモデルとも異なる個性を備えたものとなった。

また、ランプデザインを前後対称とすることで、フロントビューとリアビューが呼応するような眺めとなった。図６―４で示される黒い楕円《だえん》部分にレーダーやカメラなどを隠すように配置することでシンプルさを実現している。

インテリアデザインのプロセスを示したのが図６―５である。まず、「自宅から車へとシ

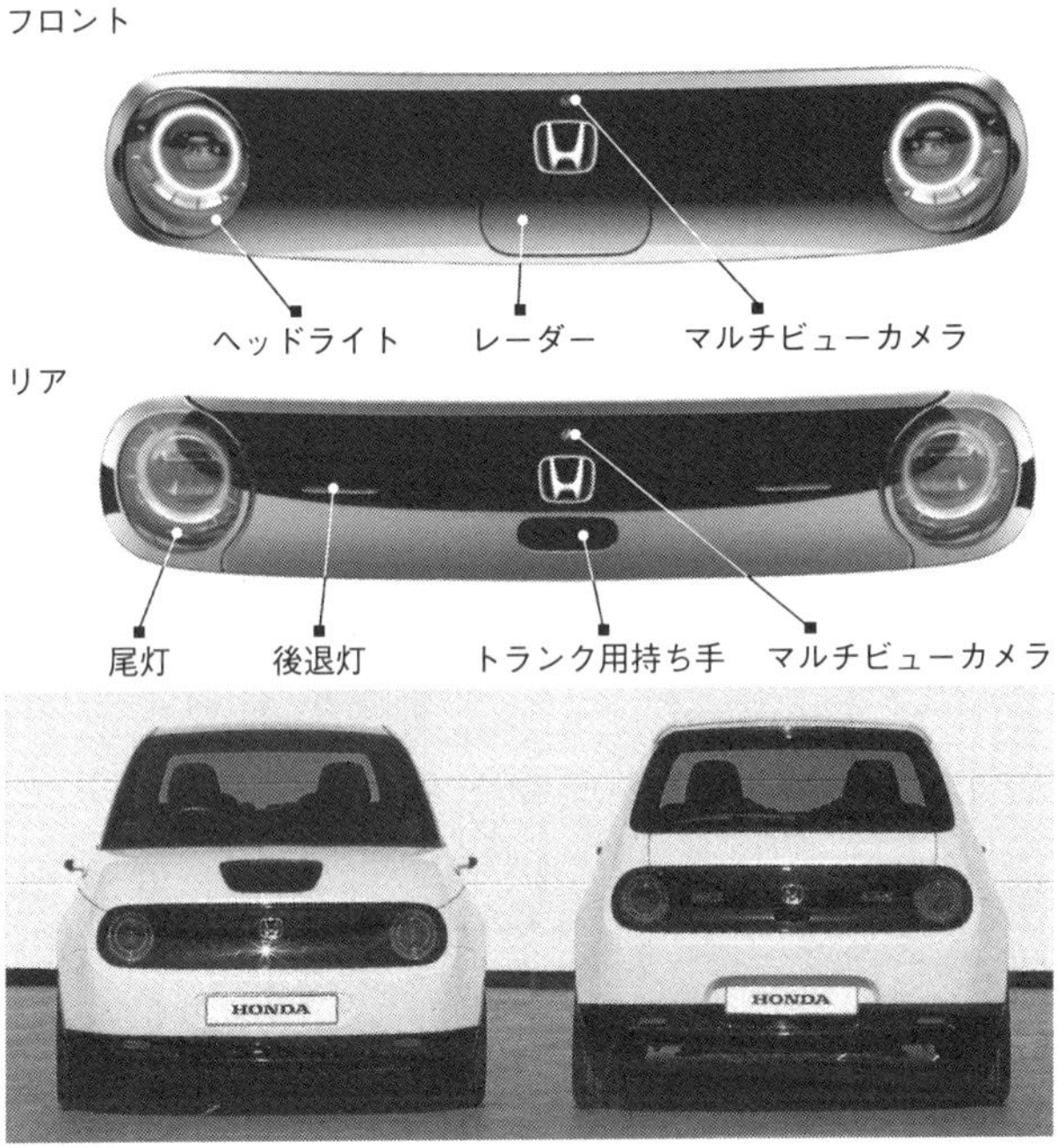

図6－4　前後対称のランプデザイン(4)

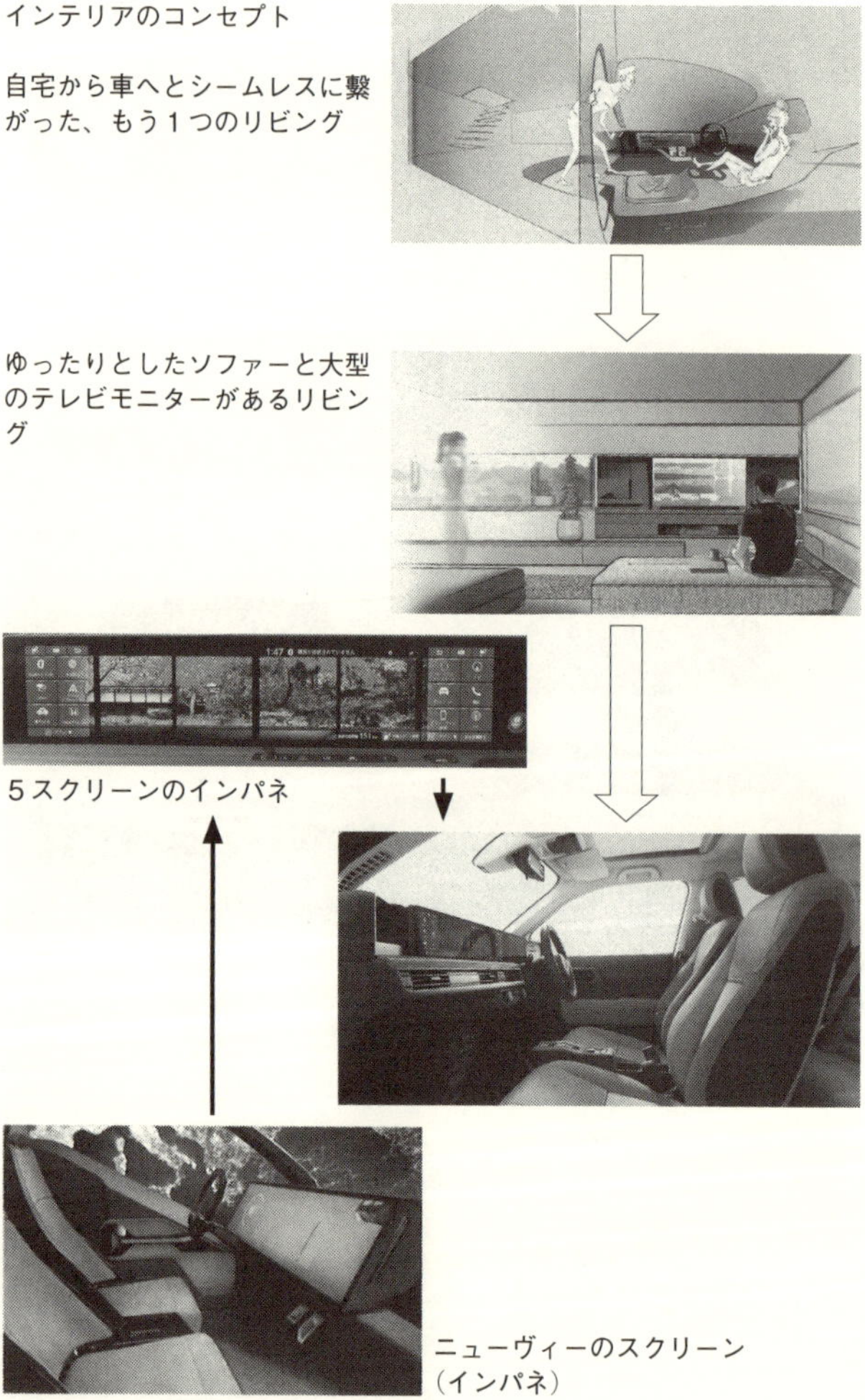

図６—５　Honda e のインテリアデザイン[5]

ームレスに繫がった、もう1つのリビング」というコンセプトを出し、それに基づいて「ゆったりとしたソファーと大型のテレビモニターがあるリビングがイメージされた。その結果、ニューヴィーのスクリーンを受け継ぐ、世界初となる5スクリーンのインパネが実現し、天井に設置した4つのダウンライトのスイッチは、部屋の照明を点けるように壁のBピラー（前席と後席の間のピラー）に配置した。リビングを想起させるべく、ローテーブルにテレビが置いてあるようなイメージに基づいたインパネにはウォールナットの木目柄が採用され、また、シートとドアの表面生地には、メランジ調の生地が用いられた。

かつて、HP-XというGT（Grand Touring〔Car〕）の新たなコンセプトカーをピニンファリーナ社のデザイナーだったレオナルド・フィオラヴァンティがホンダに提案したところ、ホンダ側が心の底ではフェラーリのような車を期待していたため、このHP-Xを受け入れずにNSXをデザインしたというエピソードがある。(6) これに対してHonda eの事例は、IT技術を活用しつつ、余分なものが削ぎ落とされた独自のファミリーフィーリングを感じさせる好例である。

2　地中海の風――バルミューダの事例

テイストの2つの特徴

スティーヴ・ジョブズと同様に、バルミューダの創業者の寺尾玄もCEO兼最高デザイン責任者（CDO）であり、ミニマリズムのテイスト（趣向）に合致するものを製品化する。(7) 寺尾によると、「何が美味《おい》しいか」に代表されるテイストは、芸術の領域に属しているので数字で測ることができない。ユーザーがバルミューダの製品を購入するのも、自らのテイストに合致したからであって、価格ではないということである。新製品開発で重視されるのが市場調査ではなく、CDOである寺尾のテイストである点もアップルと似ている。バルミューダでは寺尾のテイストを少数のデザイナー集団に浸透させつつ、製品のプロトタイプの良《よ》し悪《あ》しについてテイストの観点からさまざまな取捨選択が行われる体制となっている。

寺尾のこのテイストは、色鮮やかな地中海沿岸の暮らしに触れたことによって育まれ、彼にとっての美の規範は、静物の造形美というよりも躍動感あふれる生命美となった。こういったテイスト――寺尾の言葉ではポピュラリティ――は、彼によれば、デザインや美よりも人々の間で共有されているものであって、大半の人が同意するグッドテイスト（品の良さ）

を備えたモノを狙った製品開発が同社の特徴である。グッドテイストを自ら備え、社会に対してその基準を提示するCDOには、製品の良し悪しについて美学的判断ができるようなユーザーを育てるというミッションがある。そもそもグッドテイストの1つの特徴として、流行に左右されないという点があり、この点でも売れ筋の家電を調べるために家電量販店に行くようなことは考えられない（マーケッターの立場では、今から発売される、見たこともない画期的な新製品と、すでに市場に存在している製品とを比較することはできない）。

また、バルミューダのテイストの第2の特徴として、空間全体の様式美を考慮する点が挙げられる。インテリアの雰囲気を邪魔しない「目立たない家電」で十分だと寺尾は述べる。言い換えると、インテリアの主役はソファーやテーブルであり、家電は脇役でありながら、涼しさや湿気といった点で五感を満足させるような居心地の良い暮らしの環境を実現することに役立つ。なおそういった居心地の良さもまた数値化できず、最終的には寺尾のテイストで判断されることになる。

その典型例が、自然のそよ風を再現するために二重構造の羽根を備えた扇風機の「グリーンファン」（図6―6）である。自然のそよ風の再現の仕方は、流体力学の専門書には書いておらず、試行錯誤の後に可能となった。加湿器の「レイン」（図6―7）もまた、着脱式のタンクをなくすというゼロベースの発想から実現した壺型《つぼがた》の製品であり、今まで前提とさ

図　バルミューダの代表的な製品[8]
図6―6（左上）　グリーンファンの二重羽根
図6―7（右上）　加湿器レイン
図6―8（中左）　ザ・ライト
図6―9（中右）　ザ・トースター
図6―10（下左）　炊飯器ザ・ゴハン
図6―11（下右）　バルミューダフォン

れていた常識をいったん保留して、ゼロベースで考える大胆さが寺尾にはある。頭が作る影によって手元が暗くならないようなライトを目指して、手術灯をヒントに開発され、太陽光を模したLEDを使った自然光に近い照明「ザ・ライト」（図6—8）も同様である。一般に、子ども時代の幸せな光景や体験を踏まえたデザインは詩情を感じさせるものであり、壺に水を注ぐ祖母のイメージが反映された「レイン」にも詩情が宿っている。

味覚はテイストの基本であり、同社の「ザ・トースター」（図6—9）も炊飯器の「ザ・ゴハン」（図6—10）も、開発陣のテイスト（味覚）を満足させるまで徹底的な試行錯誤が重ねられた。地中海沿岸の暮らしの「高いクオリティー・オブ・ライフ（QOL）」を知る寺尾は、スマホ中毒が暮らしのQOLを下げるので、スマホを使う時間が短くなるように、必要なときだけアプリを使う仕様の「バルミューダフォン」（図6—11）も開発した。これはガラケーの発展版ともいえる、小さなポケットに入るスマホであり、テイストに拘る同社の姿勢を反映して、カメラアプリには料理の写真を撮影するモードも搭載されている（現在は販売を終了したが、スマホ中毒問題に一石を投じるバルミューダフォンの意義は大きい）。

プロモーションという点では、同社の商品写真は、社内のデザイナーをカメラマンに任命することで、紋切り型の商品イメージ写真となることを避けている。

図　カルテル社の椅子およびテーブル[9]
図6―12（左）椅子（モデル4875）
図6―13（中）テーブル（モデル4310）
図6―14（右）椅子（モデル4855）

ファンタスティックなプラスチックの用法

ここで寺尾のプラスチック樹脂の使い方が、従来とは一線を画している点を指摘しておきたい。プラスチックの持つ安物感を払拭すべく、空気清浄機の「エアエンジン」であれ、暖房機器の「スマートヒーター」であれ、その筐体《きょうたい》は厚みのあるものとなっている。これは、原料としてのプラスチックをふんだんに用いたカルテル社の椅子（図6―12）を彷彿させるもので、同様にその筐体の厚さが4㎜もある加湿器の「レイン」に至っては、記号としての壺も想起し得る。「レイン」の形状は、直方体のかたちを典型とする従来の加湿器からかけ離れているがゆえに一抹の不安を感じさせるが、壺を思わせるデザインがその不安を打ち消しており、これこそプラスチックをファンタスティックにする方法である。

プラスチックのファンタスティックな使い方として

は、以下の例も挙げられる。デザイナーのアンナ・カステッリ・フェッリエーリがデザインしたカルテル社のテーブル（図6―13）は、見慣れた従来の「典型的な」ダイニングテーブルとはかけ離れているが、（五線星形を感じさせる脚の部分で）記号としてのゴシックを前面に出しており、他方、同じくカステッリ・フェッリエーリがデザインした小さな椅子（図6―14）も、英字のCに似たかたちの部分が、「背もたれ」であるのか、それとも「ひじ掛け」であるのか、どちらにも錯覚するようなデザインとなっている。まさにファンタスティックなプラスチックの使い方である。[10]

空間ごとに異なる家電

なお、図6―15は、カルテル社に倣って筆者が暮らしの空間の機能を考えたものである。暮らしの空間は、1．寝室のベッドを中心とした休息機能（リビング―寝室―浴室で囲まれるエリア）、2．食卓での食事を中心とした団らん機能（リビング―食卓―キッチンで囲まれるエリア）、3．掃除・洗濯・食品貯蔵などの設備を中心とした家事作業（キッチン―設備―浴室で囲まれるエリア）、に分かれ、破線の上側は、家族の暮らしを構成する1および2の機能から成る。他方、下側は、家族の暮らしを可能にする家事作業の機能を示している。

そして図中の＋（プラス）は、たとえば食器類が、食卓とキッチンの両方で用いられるこ

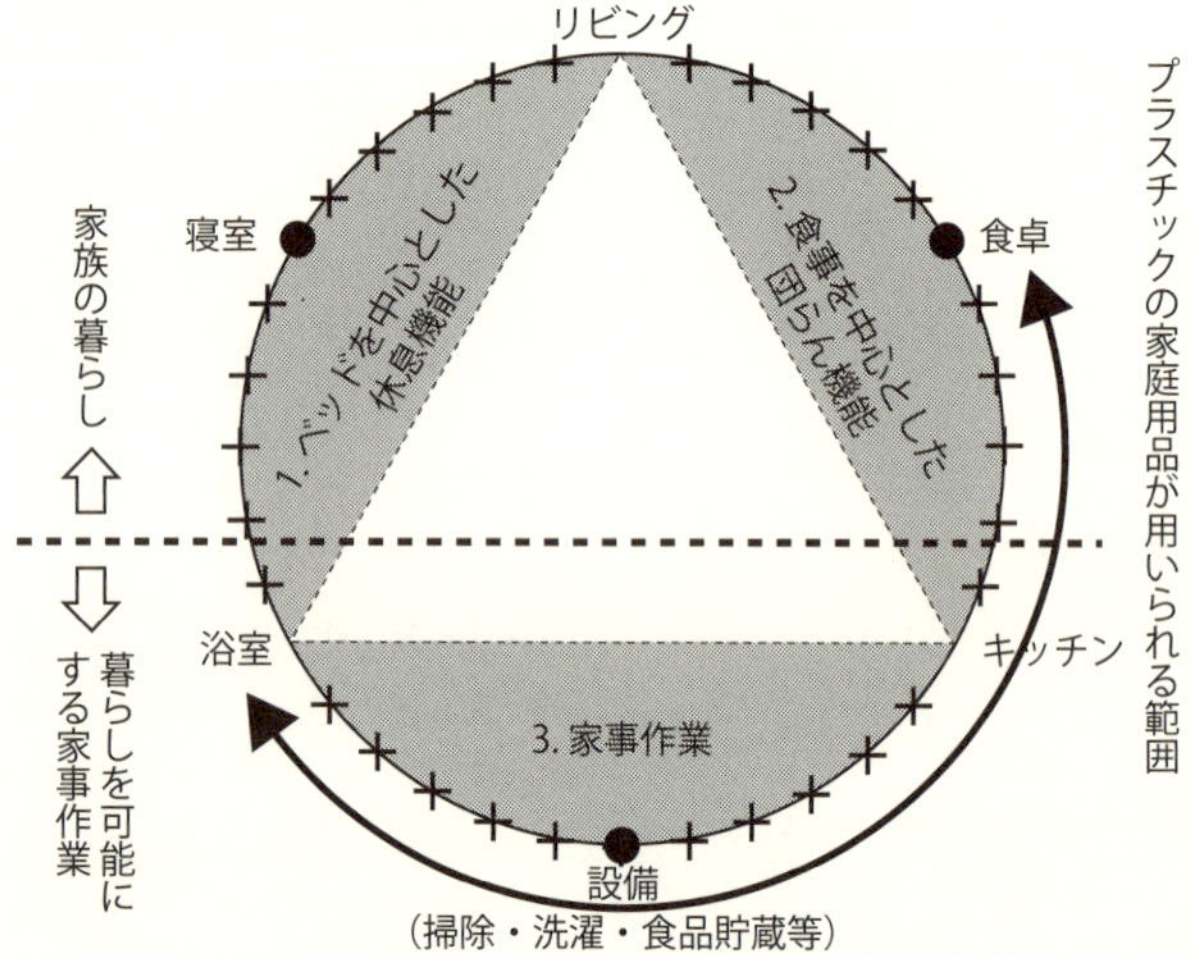

図6―15　住空間中のさまざまなエリアと家庭用品の関係[11]

とを表している（食卓⇕キッチン、キッチン⇕設備、設備⇕浴室、浴室⇕寝室、寝室⇕リビング、リビング⇕食卓の間で家の中にあるものは共用される）。寝室と浴室の両方で用いられるバスローブが、食卓に持ち込まれることは稀であり、また、バスローブを着て掃除機をかけないことから、1、2、3のエリアで用いられるものの多くは他のエリアでは用いられないという棲《す》み分《わ》けを行っている。この図6―15においては、プラスチックの椅子・テーブル、バケツ、食器、ゴミ箱、傘立て、収納ボックス等々の家庭用品は、食卓―キッチン―設備―浴室までの範囲（図中の太矢印線）で用いられる。

同様に、バルミューダが提供するような家電の場合も、たとえば寝室とリビングで共用可能な空気清浄機は、食卓とキッチンとで共用可能な空気清浄機とはその姿が異なり、かくしてそれらの市場も異なると考えられよう。今はまだ難しいが、時間を経るにつれて風合いが増す（その価値が成長する）ようなプラスチック樹脂を開発できれば、家族の歴史を刻み込むことで世代を超えて受け継がれる家電製品となるだろう。

3　子どもの可能性をクリエイトする――ファミリアの事例

ビジュアルプラットフォームの活用

ファミリアは、子ども服を中心とするアパレルメーカーとして坂野惇子《ばんのあつこ》ら4名の女性によって1950年に創業された(12)。2023年現在、同社の企業理念は、子ども服企業から「子どもが真ん中にいて心地よいライフスタイルを提案する企業」あるいは「子どもの可能性をクリエイトする企業」へと刷新され、子どもの発想を豊かにするワークショップなどを積極的に行っている。

「自分が実現したい将来の暮らしのイメージに基づいて、着る服や食、そして音楽の種類が決まる時代になった(13)」ことを受けて、同社が考案したのが、写真を方眼紙のように貼ったビジュアルプラットフォーム（図6―16）である。ファミリアのデザイン経営の特徴は、このビジュアルプラットフォームが、ありとあらゆる新製品・サービスを生み出す母体として機能しているという点にある。

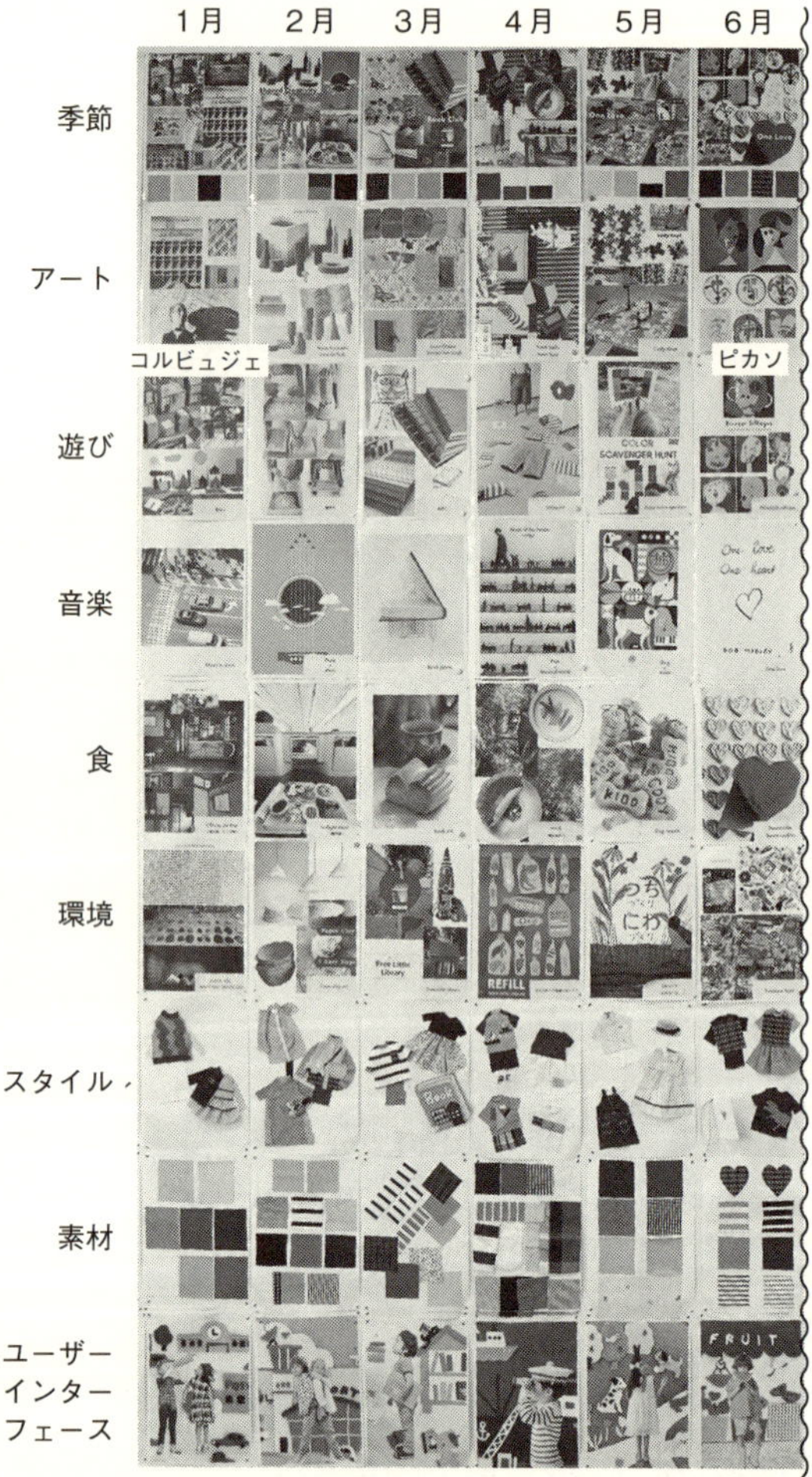

図6―16　ビジュアルプラットフォーム（デザイナー版）[14]

ビジュアルプラットフォームの横軸は月単位で、縦軸には季節・アート・遊びといった項目が割り振られたマトリックスとなっている。このマトリックスに、現在のトレンドに合致するアートや考え方、そして各月の季節に着想を与える色などについて40名ほどのデザイナーがアイディアを出して、各要素を埋めていく。たとえば1月のアートの欄には、ル・コルビュジェの写真が貼られており、コルビュジェから「食」を連想したり、季節から「食」を連想したりするといったことが行われる。

図6―17は、デザイナーによるブレインストーミングを踏まえ、ユーザー向けに具体的に製品・素材・色として落とし込まれたビジュアルプラットフォームである。図6―17の最上位の行には、図6―16と同じ「季節」が配置されている。

同社代表の岡崎忠彦《おかざきただひこ》によると、ビジュアルプラットフォームは、さまざまな志向を持った社内のデザイナーの自由な連想を収斂《しゅうれん》させ、「交通整理」するのに役立つもので、この仕組みを作り上げるのに20年を要したということである。なお、神戸本店で開催されるプログラムやイベントの企画内容も基本的にこのプラットフォームから派生したものである。

デザイン経営では、デザイナーが直観した将来のライフスタイルのイメージを先取りして、いまこの現在において実現することが望まれる。そのため、直観された将来のライフスタイルを遊びや食、そしてファッションといった個々の製品やサービスにまで落とし込んでいく同社のプラットフォームは、大変優れた仕組みであるといえよう。

なお、このビジュアルプラットフォームを用いた商品・サービス開発の仕組み（ファミリ

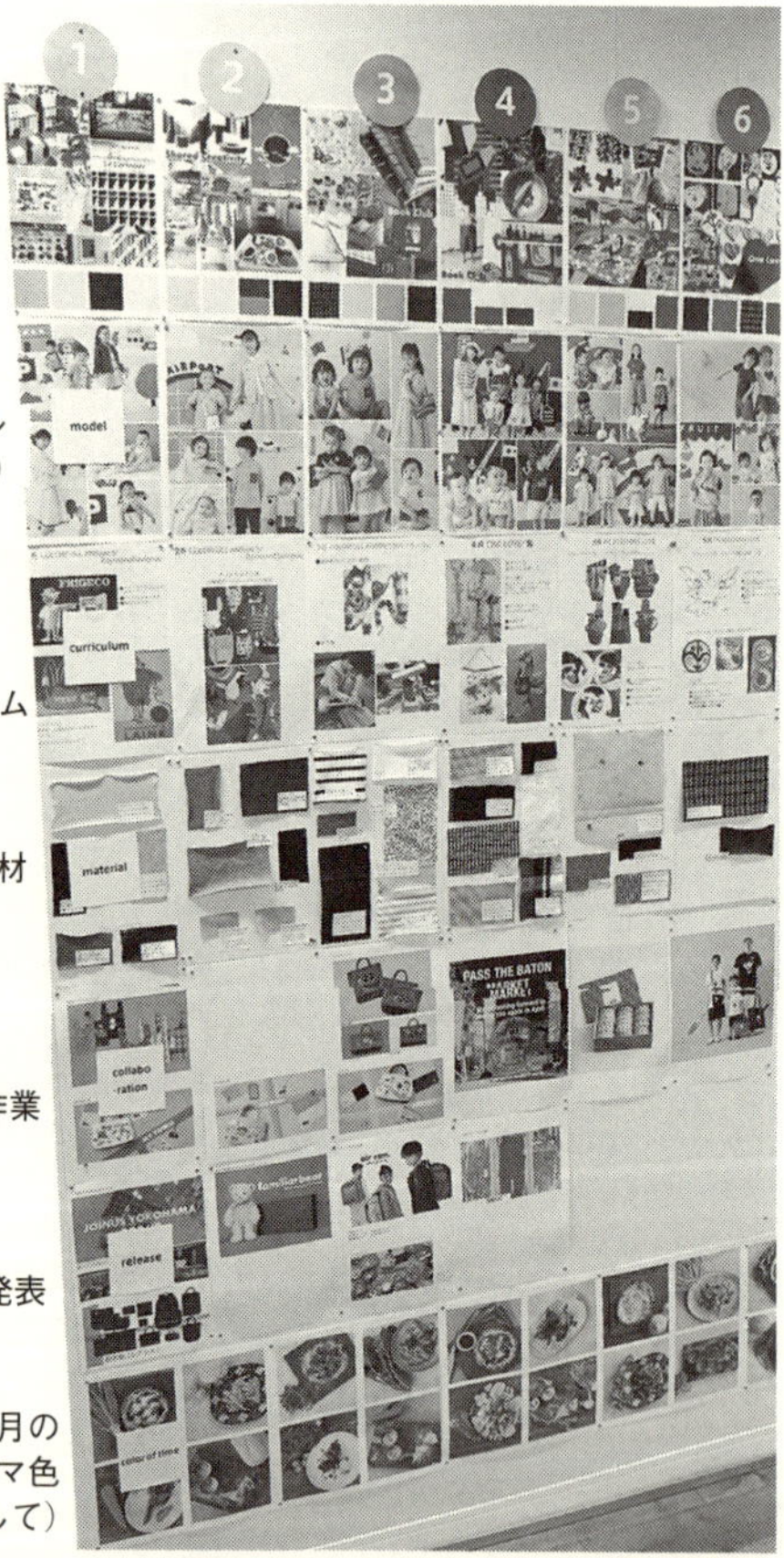

図6—17　ビジュアルプラットフォーム（ユーザー向け最終アウトプット）(15)

アメソッド）に対して、2022年のグッドデザイン賞が与えられた。その主なポイントを列挙すると、以下のようになる。

(1)企業理念である「子どもの可能性をクリエイトする」を形にする仕組み
(2)全てのコンテンツを可視化した「ビジュアルプラットフォーム」の社内共有
(3)顧客体験を最大にする商品・サービス・イベント・食・教育・アート・ユーザーインターフェース（UI）等の体系化

ビジュアルプラットフォームを徹底活用するファミリアのデザイン経営は、言葉でもなく数式でもなくもっぱらイメージで考えるような「強度のデザイン思考」——線と形と色と音と量塊《マッス》感の集合を直接操作する思考——に基づく、極めて先進的なものである。さらに、クリツィアやジャンフランコ・フェレといったイタリアの既製服ブランドが、現代美術などのアートに着想を得て新製品やサービスを開発するという「アート思考」を採用していることに鑑みるならば、同社もまさにアート思考を実践しているといえよう。デザイナーのエンツォ・マーリが、ワークショップを通じて子どもが（数式や言葉ではなく）イメージで思考することに気が付いたことを踏まえると、スケッチから実際に服まで制作するファミリアのワークショップもまた、今まで存在しないものを思い浮かべるファンタジーを大いに育むと同時に、モノ作りの喜びを体験させる有意義な試みである。

なお同社では、ユーザーがInstagramでファミリア製品をタグ付けしている様子を観測することで、Y世代（1980〜90年代前半に生まれた世代）、Z世代（1990年代後半〜2010年前後に生まれた世代）のトレンドの把握も同時に行っている。そうすることで、将来のライフスタイルを予感し、このビジュアルプラットフォームの内容を18ヵ月先まであらかじめ決めることができるのである。

社史に描かれた将来ビジョン

2023年に同社が刊行した『wishlist』は、通常の社史が過去の栄光を記すものであるのに対して、社員が予感した将来のライフスタイルに基づき、今後実現したい製品やサービスについて記すものであり、同書の目次もビジュアルプラットフォームの縦軸と対応している。

『wishlist』では、同社の将来ビジョンが語られており、それらを列挙すると、「子どもの教材を作る」「メディアになる」「水ビジネス」「歯列矯正」「海外展開」「古着として流通しない仕方での販路の拡大（1・5次流通）」等々となり、なかには、服や製品を作ることを中心に宿泊も可能な複合施設（lifestyle factory構想）といった話もある（そこには農園と、その収穫物を食せるレストランがあり、また子どものアートを飾る美術館も設置される）。

図6―18は、『wishlist』を踏まえた同社のファストファッションへの対抗策である。まず(a)の「堅牢《けんろう》な縫製・生地の丈夫さ」ゆえに兄弟や親戚で着回しが可能、というのは、同社創業以来の伝統であり、同社のモノ作りの根底をなす要素である。また(b)の「動く絵画としての衣服」という要素も、同社の得意とするところであり、子どもに描かせた絵画作品をそのまま服へと仕立て上げるプロジェクトを積み重ねて来た経験を踏まえている。そして(c)の「アーカイブを活用した一点もののプロダクト」（図6―19）という要素は、同社が創業して以来蓄積してきたさまざまなデザインプロジェクトのアーカイブを活用して、一点ものの製品の制作が可能なことを示している。(d)の「コミュニケーション促進」というのは、たとえば物語を感じさせるバッグのアップリケを介して誰かと話したくなるような要素を示す（図6―20）。

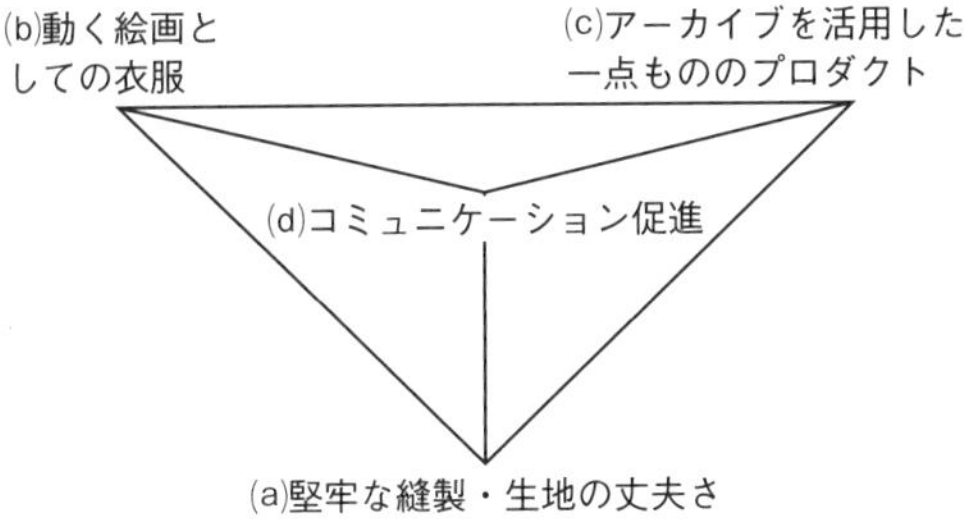

図6―18　ファストファッションへの対抗策（筆者作成）

　生地に拘るファッションデザイナーのドリス・ヴァン・ノッテンは、「ポイント刺繡《ししゅう》をインドの刺繡職人に依頼することで、一度着たら飽きるファストファッションの服とは違う

図6—19　同社アーカイブのワンピースとバッグにイラストを印刷した一点もののプロダクト(16)

図6—20　物語を感じさせるアップリケが縫い付けられたデニムバッグ(17)

ようなオンリーワンの要素がある服作りを行っている」と述べているが(18)、図6—18の諸要素を組み合わせることにより、同社では何度身に着けても飽きの来ない服やバッグを製作することが可能である。

ファミリアのデザイン経営の特徴は、新たな製品・サービスが生まれてくる母体としてのビジュアルプラットフォームを、将来の生活様式を意識したデザイナーらがイメージで思考しながら創るところにある。いずれはデザイナーに加えて、子ども自身がビジュアルプラットフォームを創ることに参加するようになるかもしれない。また、図6―19で示したように何度着ても飽きない一点ものの服も製作できることが、ファストファッションに対抗する戦略となっている。

日本のデザイン経営の特徴は、IDEOをはじめとするアメリカのデザイン思考を取り入れてプロジェクトを走らせることであり、この傾向は、とりわけIT産業に当てはまる。しかしながら、優れたかたちの実現を目指す伝統的な工業デザインにも気を配ったプロジェクトのほうが将来性があり、そのさい、実現された美しいかたちが、桂離宮《かつらりきゅう》に見られるような日本独自の美しい眺めを構成するようにしたいところである。評論家の加藤周一《かとうしゅういち》は、「庭の風景は、風景をつくる（引用者注・飛石や橋といった）各要素がそれぞれ固有の美しさを発揮するために不都合な偶然的配置を、自然の風景からとり除いたものだ（傍点引用者）」[19]と述べており、デザインに迷ったら引き算の美学の最高傑作である桂離宮を参照したい（デザインとは、今見えているまとまりのない雑多な眺めから過剰で余計な要素を引き算してうっとりする眺めを創り出すことである）。そのさい、桂離宮などの日本の伝統文化をオンラインゲームの題材として再活性化するといったことも考えられよう。たとえば中国のテンセント社では、学術関係者と協働して敦煌《とんこう》の莫高窟《ばっこうくつ》にデザイナーを派遣し、「王者栄耀《おうじゃえいよう》」というゲームの開発に繋げている。[20] なお、美しい眺めを構成する要素として、ダイナミックに刻一刻と変化する日本の自然に内在する数理を反映したモノをデザインするといった方策も考えられる。そして谷崎潤一郎《たにざきじゅんいちろう》が、「（日本の）美は物体と物体との作り出す陰翳《いんえい》のあや、明暗にある」[21] と指摘することを踏まえ、蛍光灯を使わない照明空間で映えるモノもデザインしたい。

第7章

自然と共生するエコロジカルな人間中心のデザイン

北欧

北欧のデザインプロジェクトの特徴は、かたちの面での洗練さを欠く代わりに工芸（クラフト）重視である（図7―1）。これは、スウェーデン工芸デザイン協会が中心となって、1910年代から始まる工芸運動を経てスカンディナヴィアンデザインが成立したためである。[1]北欧の自然環境は資源に乏しいため、デザインの特徴は、資源節約的（＝エコ）であると同時に、余分な装飾を排した本質主義的な（簡素で気取らない）ものであるといえる。

また、北欧のデザインが特権層向けの高価なものではなく民主的かつインクルーシブ（包括的）である背景に、北欧諸国のキリスト教徒の多くがルター派であるという点が挙げられる。この教義は、篤《あつ》い信仰心を持って日々の仕事に励み、隣人のために仕える生に救済がもたらされるというものである。[2]イケア（ＩＫＥＡ）は、特権層のためではなく誰にでも手が届くようなシンプルなデザインの代表例である。

他方、資源節約という点で、素材に忠実な質素なかたちは、シグヴァルド・ベルナドッテがデザインしたエレクトロラックス社の洗濯機などに見られる。

1　バイオ・デザインの先駆け――エレクトロラックスの事例

製品サービスシステムを導入した家電

1919年創業のエレクトロラックス・グループは、アーエーゲー（AEG）、ザヌッシィ（Zanussi）、フリッジデール（Frigidaire）、モルテーニ（Molteni）といったブランドを擁する総合家電メーカーである。[3] 2003年にはデザインラボが設立され、学生を対象としたデザインコンペが2015年まで開かれ、2016年には消費者を対象としたアイディアコンペが開催されている。

図7―2は、スマートフォンのアプリから制御できるロボット掃除機 Pure i9 で、エレクトロラックスから2017年に発売された。

同社はかつて、洗濯機本体は無料で提供しつつ、電力会社のスマートメーターを通じて「ユーザーの洗濯回数」を把握し、それに課金する仕組みを導入したことがある。スマートメーターの更新によってこの「ペイ・パー・ウォッ

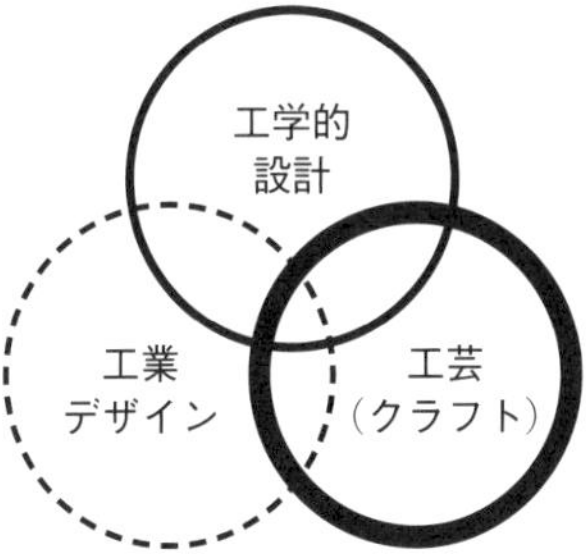

図7―1　北欧のデザインプロジェクトの特徴

図7―2　ロボット掃除機 Pure i9[4]

価値の源泉	価値は、主に製品にある	製品サービスシステム（PSS） 製品（有形）→サービス（無形）			価値は、主にサービス内容にある
PSSの種類（A, B, C）	純粋な製品	A：製品志向のサービス	B：ユーザー志向のサービス	C：成果志向のサービス	純粋なサービス
事業形態		1. 消耗品の補充や使用済製品のリサイクルなど、製品に関連したサービス 2. 製品に関連したアドバイスやコンサルティング	3. リース 4. レンタル／シェア 5. 同一製品の同時使用	6.（アフター）サービスを外部に委託する 7. 使用量に応じた課金サービス 8. サービスを通じての成果の提供	

図7―3　製品サービスシステムの分類[5]

シュ」サービスは終了することになったが、スマートメーターに依存しないPure i9の場合にはそのような心配は必要ない。Pure i9は、「掃除面積」に応じて課金する仕組みをスウェーデンで導入し、月額料金も下げることで高価格なロボット掃除機を購入する余裕のなかったユーザー層を取り込むことに成功した。

Pure i9の成功は、図7―3で示される製品サービスシステム（PSS）の事業形態の1つである「7．使用量に応じた課金サービス」に相当する。製品サービスシステムとは、耐久消費財の販売数を競えば遅かれ早かれ市場が飽和するのに対し、製品に付随するサービス需要は無限であるという考えに基づくもので、サービスデザインの基本的な考え方である。

ペットのような家電

次に、1984年に同社の傘下に入ったザヌッシィを取り上げる。

元々イタリアの会社であったザヌッシィ社の製品のうち、イタリア人のデザイナーのロベルト・ペッツェッタが手掛けた一連の家電プロジェクトは、家電の歴史上特筆すべき事例であり、ザヌッシィブランドを擁することがエレクトロラックス社の強みともなっている。というのも、この家電プロジェクトは、イタリア人デザイナーを活用することで、北欧が得意とするエコロジーと独創的なかたちを両立させた事例となっているからである。

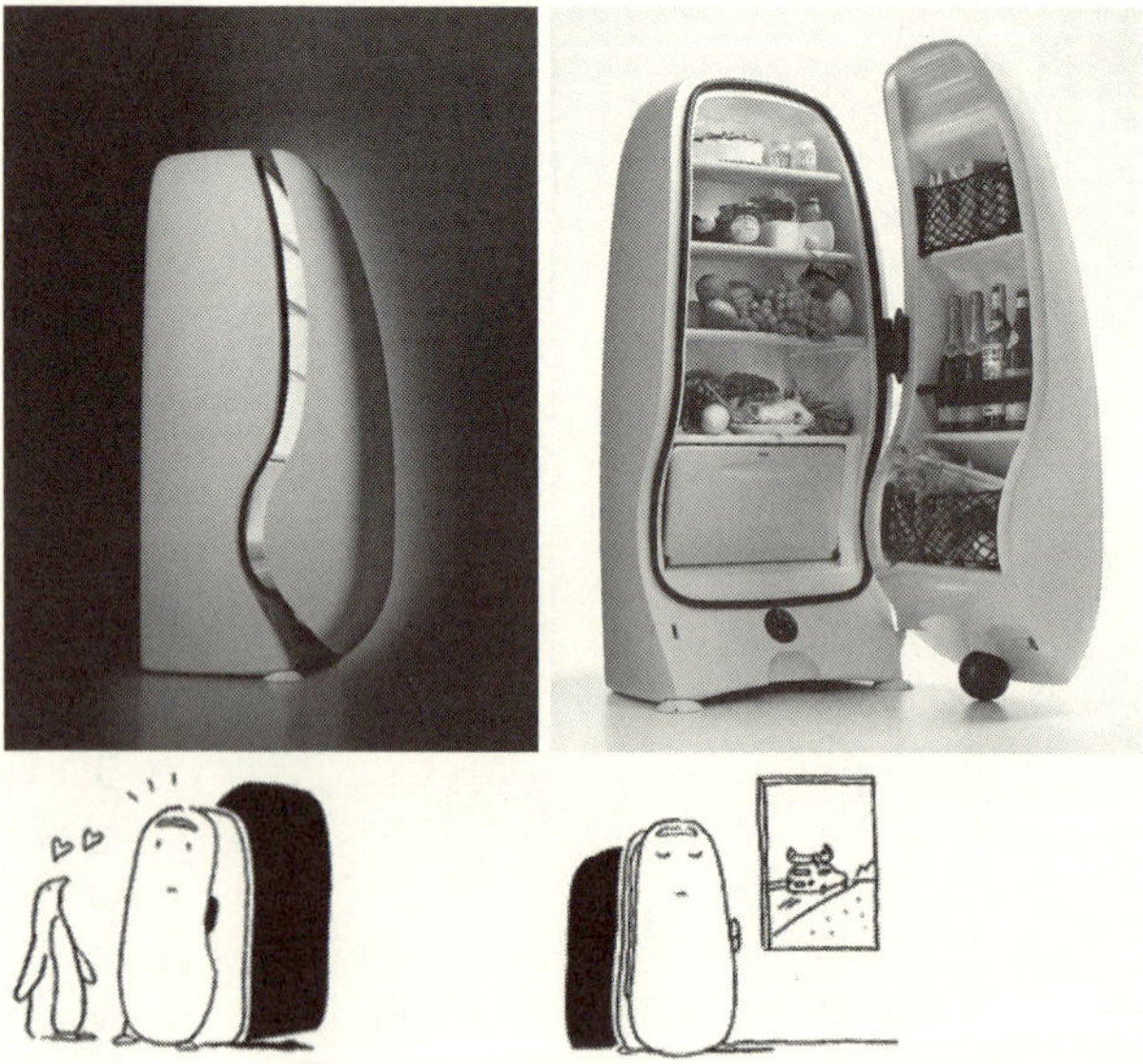

図7—4　冷蔵庫オズ[6]

図7—4は、ペッツェッタがデザインした冷蔵庫の「オズ」である（1994年の「時代に住まう」という展示会に出展された）。ペッツェッタによると、家電のボディに用いられる板金は、木材やラミネート加工の技術がもたらす美学的可能性に敵《かな》わないので、家電は家具の中に仕舞《しま》われるか、白くて醜く馬鹿げているため部屋の隅に隠すべき対象であるのが常であったということである。インテリアの対象として、眺められたり、陳列されたりするためには、家電は機能を果たす装置以外のモノになる必要があった。言い換えれば、部屋の中で隠されたり、カモフラー

ジュされたりせず、自らの存在を恥じることのない家電として、ペッツェッタが考えたのは、家電を「ペット」として捉えることであった。というのも、動物あるいは人間に似ているかたちに、人間は親近感や情緒を感じるからであり、この意味でオズは白物家電分野での最初のバイオ・デザイン（生物のかたちを模したデザイン）の事例となっている。かくしてオズは、直線や直角から成るかたちではなく、丸みを帯びてカーブしたラインを備え、その色調も白ではなく薄い青緑色をしている。

社内のチェックはパス

オズのプロジェクトに関しては、エレクトロラックス社は、通常実施される図７―５で示されるようなさまざまなチェックを行わなかった。これは、同社を象徴するような製品をデザインする場合、消費者や生産管理部門の見解が邪魔になるからである。実際、デザイン部門の承認がなければ、R＆D部門は、オズのプロジェクトに手を加えることができなかった。

このオズのプロトタイプに対してパリで１９９５年に、２つの調査が行われた。典型的なユーザーの深層意識に対して冷蔵庫の理想的なかたちを尋ねたところ、「卵」であることが分かった。もう１つの記号論的な調査からは、バイオ・デザインでは、直線や直角を避けてカーブが連続していることが望ましいということが分かった。オズの販売価格は、平均的な

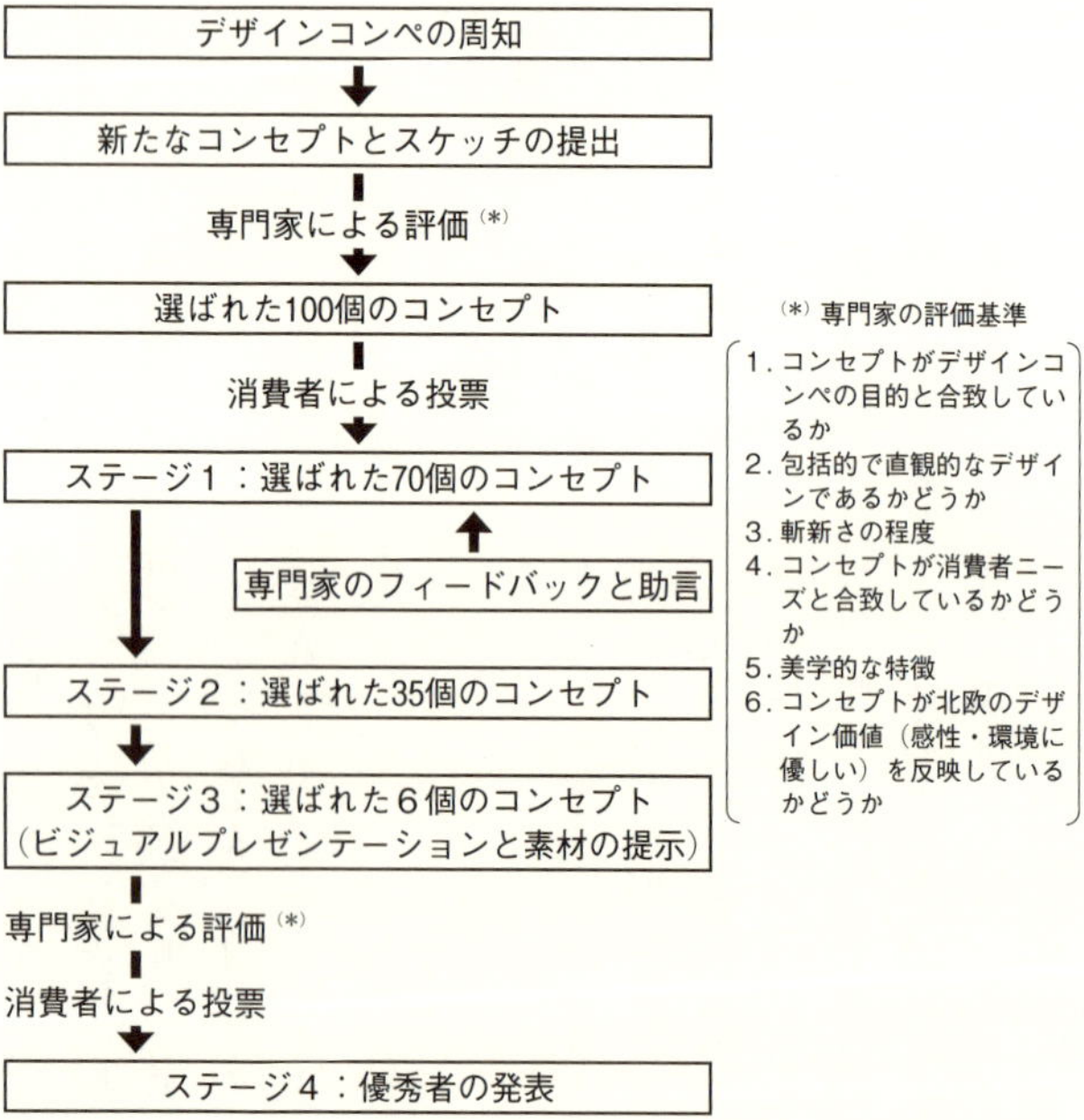

図7―5　エレクトロラックス社のデザインコンペにおけるコンセプトの絞り込み(7)

冷蔵庫の170万リラに対して高額な270万リラであったが、「価格は関係ない」とペッツェッタは指摘している。というのも、たとえば、照明メーカーのアルテミデ社の卓上照明ライトは高価だが電源コードがフレームの中に収められて見えないという特長を持ち、そのようなライトを購入するテイストを持った人は価格で判断しないということがすでに分かっていたからである。

図7―6は、同様にペッ

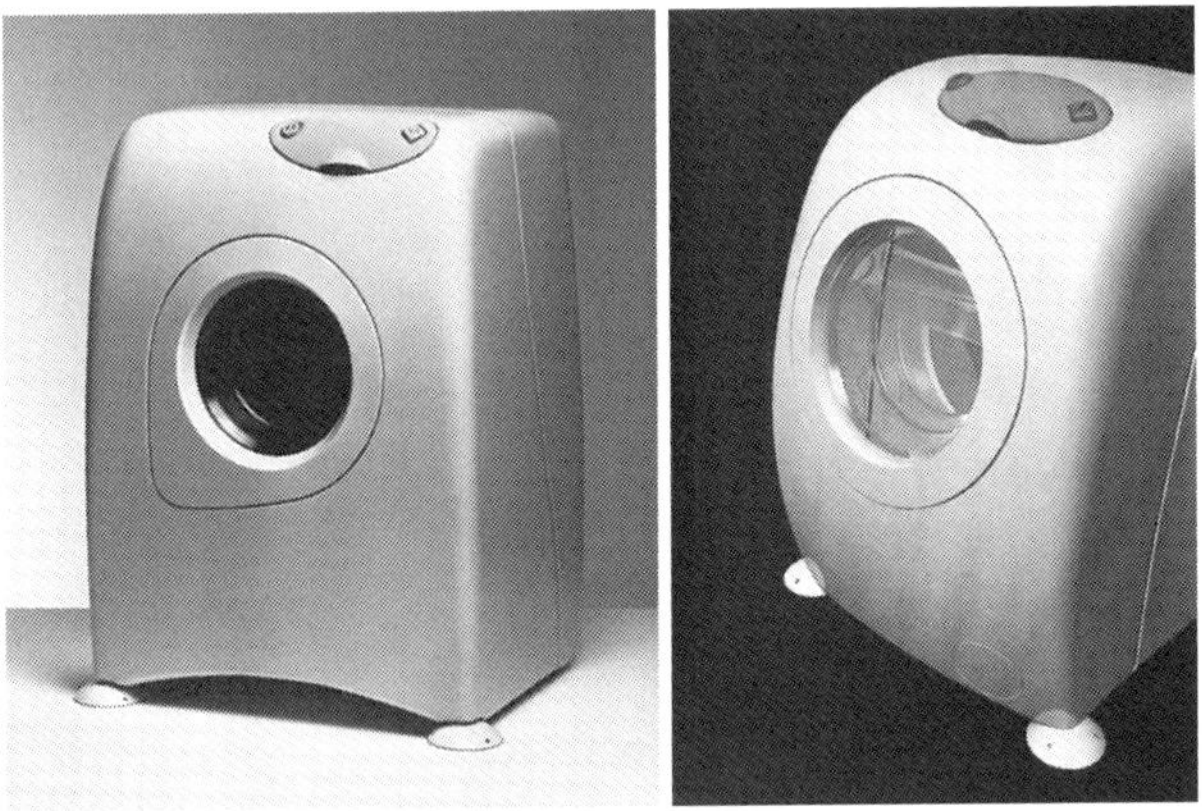

洗濯機：ゾーエ

クッキングヒーター：テオ

図7—6　洗濯機ゾーエおよびクッキングヒーターのテオ[8]

ツェッタが手掛けた洗濯機の「ゾーエ」とクッキングヒーターの「テオ」である。こちらも直線および直角を排したバイオ・デザインの事例となっている（色調も白ではなく黄色やオレンジ）。なお、ペットである冷蔵庫オズの性別は男性である一方で、洗濯機のゾーエの性別は女性であるとされる。

オズやゾーエといった丸みを帯びた、ある種の動物のようなかたちを備えた家電を製造するのは、コストやさまざまな面で困難を伴うが、これらのプロジェクトは、愛着を感じるような家電となるために現在の無機質なかたちが進化していく方向性を示すものである。そのためには、新製品のプロトタイプに対して消費者や製造部門の事前のチェック（図7―5はコンペのフローだが事前チェックも同様のプロセスを経る）が入らないような仕組みを作る必要があろう。なお、家電のデザインはどれも似たようなものだが、自社を象徴するようなユニークな製品をデザインできれば、自社のアイデンティティの確立と知名度アップに繋がるというのも、このプロジェクトの教訓である。

2　民主的な家具――イケアの事例

イケアらしさの源泉

現在、世界最大の家具量販店であるイケアは、イングヴァル・カンプラードが1943年に創業した[9]。カンプラードは、その著書『ある家具商人の遺言』で、基本となる商品ラインにイケアらしさが感じられることが大切である、と述べている。カンプラードは、画家のラーション夫妻が自ら創造した「白を基調としたインテリア空間」に関する水彩画集『エット・ヘム（ある住まい）』や、デザイン理論家であるエレン・ケイの論稿「住まいの中の美」

図　イケアの原点[10]
図7―7（上）　母と娘の部屋（円内は「部屋の中の部屋」）
図7―8（中上）　懲罰を受ける一角
図7―9（中下）　窓の敷居の上の花
図7―10（下）　居心地の良い一角

などを繰り返し読むことで、イケアの基本コンセプト（イケアらしさ）を作り上げた。

図7―7～10は、夫のカール・ラーションが水彩で描いた自宅のインテリアであり、イケアらしさの原点がここにある。妻のカーリン・ラーションが、これらのインテリア様式を創造するにさいして、まず参照したのは、18世紀のグスタヴィアン様

式の迎賓室であった。グスタヴィアン様式のインテリアは、ルイ16世様式の金箔《きんぱく》とシルクから成る上流階級向けのインテリアとも、ヴィクトリアン様式のビロードを纏った重厚で暗色の家具から成るインテリアとも異なり、灰白色を基調とし、椅子の背が壁に沿って並べられるという特徴を持つ。図7―7の枠で囲ったところでは、高座テーブルの両脇に2脚の椅子が壁に沿って並べられており、これらの椅子の向きを互いに面するように変えることで、「部屋の中にもう1つの部屋」を作ることができる。カーリン・ラーションは、椅子であれ、引き出しの取っ手であれ、元々のグスタヴィアン様式の部屋にあった金箔を省いた灰白色の家具を部屋に配置した。それらの家具のデザインには、直線と直角が選ばれており、インテリアに対するテイストが未発達の者にとって扱うのが困難な渦巻きのかたちや捻じれたかたちが避けられている。

図7―9では、窓にカーテンがかかっていないが、これは、窓から取り込んだ日光が、灰白色を基調とする質素なインテリア全体を明るくするためである（その意味で、カーリン・ラーションが創った部屋は、暗色の家具から成る黒っぽい家具空間との決別である）。そして図7―10では、板張りの床の表情の乏しさを補うために、縞《しま》模様の敷物が敷かれ、その模様は、色使いの点で椅子やソファーの青と白の縞《しま》のカバーと相即的である。質素な壁紙を貼らざるを得なかったため、多数の絵画が飾られ、壁の表情の乏しさもまた補うこととなった。理想を

いえば、天井もまた木の枠組みで作られるなど装飾が施されているのが望ましいが、資力がないため白を基調としたシンプルなものとなっている。

カーリン・ラーションが創ったこのようなインテリアは、真のスウェーデンらしさを表すものとして、繰り返しイケアの展示会で訴求され、イケアの企業アイデンティティを形成している。なお、カーリン・ラーションが参照した18世紀のグスタヴィアン様式の家具についても、イケアは、その復刻版から成るグスタヴィアン様式のシリーズを発表している。

ここでこのような灰白色を基調とするカーリン・ラーションが創ったインテリアの評価を行うならば、質素な壁紙や敷物、そして絵画を用いることで、壁、床、天井に表情（詩情）がないことを補っている。そのため、部屋の中の家具を総入れ替えしても部屋の雰囲気が美しいまま保たれるような詩的な部屋（スタンツァ）ではないといえよう（家具の色使いと壁や天井の色が呼応するような配慮は見られる）。これは、資力のない一般の人を想定しているからであり、その意味で、それは「民主的な」デザインなのである。

カンプラードが、一般の人々に安価で良質な家具を提供することで、人間の基本的ニーズを満たそうとする博愛資本主義的な経営者となったのは、前述のエレン・ケイの思想に加えて、ミラノサローネを訪れたさいにカーペット業者に連れられてイタリアの庶民のインテリアを見学したことも少なからず関係している。そういった庶民の家には、暗くて重厚な家具

	超低価格	低価格	中程度の価格	高価格
カントリースタイル				
スカンディナヴィアンスタイル				
モダンスタイル				
ヤングスタイル				

図7—11　イケアの新製品デザインのさいに用いられるスタイルと価格のマトリックス[12]

と薄暗い照明があるだけで、見本市で見たエレガントなインテリアとはかけ離れたものだったのである。[11]

スタイルと価格のマトリックス

引退したカンプラードは、さまざまなコレクションの「コンセプト・コントローラー」としてデザインに関わりつつも、新製品のデザインプロジェクトは、イケアの開発拠点があるエルムフルトのデザイナーらに任せている。図7—11は、イケアの新製品デザインのさいに用いられるスタイルと価格のマトリックスである。イケアの商品点数は膨大だが、デザイナーらは図7—11のマトリックスを用いることで、デザインする製品ラインを整理することができる。「カントリースタイル」は、農家に置かれているような家具であり、「スカンディナヴィアンスタイル」は、典型的な北欧風の明るい家具である。他方、「モダンスタイル」は、ヨーロッパ大陸で魅力的だとみなされる家具である。最後の「ヤングスタイル」は、派手な色を伴った風変わりなかたちの家具である。

インテリアとは、居住者のニーズやテイスト、言い換えれば、各人の思い出や感覚、そして歴史の表現である。そのためカンプラードは、カーリン・ラーションが考案したスウェーデン的な生活空間のためのイケアの基本商品に加え、組み合わせて自分のテイストを表現できるような付属商品も提供している。そして、イケアの店舗では、ユーザーに対して、各人のテイストを踏まえたインテリアデザイン上のアドバイスをする仕組みも備えることとなった。

なお、イケアでは新製品をデザインするさい、将来のライフスタイルを先取りするような製品を創造するため、世界中を視察旅行したり、家庭への訪問調査を行ったりしている。これは、1990年頃からの、フューチャーコンセプトラボという、将来のライフスタイルトレンドを予測するイタリアの調査会社との付き合いに端を発するものである。

3　ケアの哲学――ボルボの事例

乗員・歩行者・環境に対する配慮

1927年に始まる北欧を代表する自動車メーカー、ボルボのモットーは、ケアの哲学であり、これは気遣い・配慮を意味するスウェーデン語のオムタンケ（omtanke）に基づいている[13]。この気遣い・配慮は、乗員のみならず、歩行者、そして周囲の環境にまで及び、また、労働条件向上のためにベルトコンベアー生産方式を廃止したことにも見られる。

乗員の安全性という点では、１９５９年に発明しつつもその特許を無償公開した3点式シ

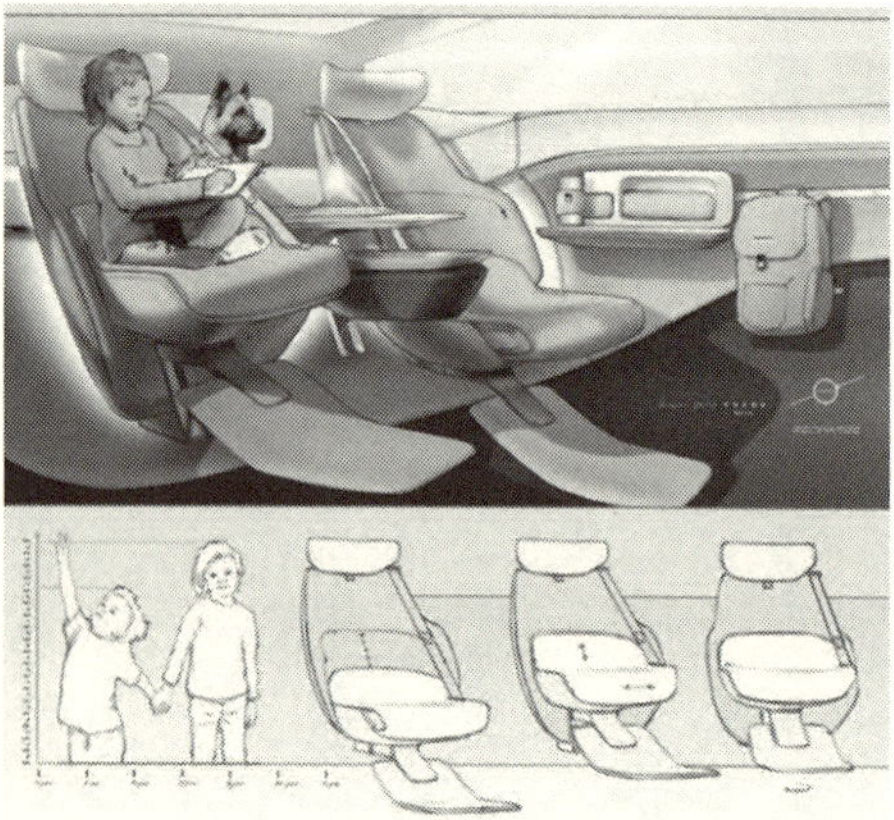

図7—12　ブースタークッション[14]

図7—13　歩行者向けエアバッグ[15]

ートベルトや、側面衝突時を想定して市販車にはじめて搭載されたサイドエアバッグなどがある。また、子どもの安全性に関する研究からは、6歳頃までの子ども向けに後ろ向きのチャイルドシートを開発し、他方、4歳以上の子ども向けには、高さの調節が可能なブースタークッションを発明した（図7―12）。

図7―13は、V40というモデルにおいて世界ではじめて搭載された「歩行者向けのエアバッグ」であり、乗員の安全性を確保するにとどまらないケアの哲学が反映されたものである。周囲の環境への配慮という点では、プラスチックではなく、二酸化炭素排出量の少ない植物由来の亜麻や木材といった素材を用いることで環境負荷の低減を図っている。

ボルボらしさとは

以下では、ボルボの近年の90シリーズに見られるデザイン事例を取り上げよう。図7―14は、ボルボらしさ（ファミリーフィーリング）を決定づけるのに、優れた〝かたち〟を備えた2つのモデルがあることを示したものである。

そのうちの1つは、イタリアのカロッツェリア（車体製造会社）であるフルア社に在籍していた、スウェーデン人デザイナーのペレ・パターソンがデザインしたP1800である（P1800は、イギリスのクライム冒険テレビドラマ『セイント／天国野郎』で用いられ、人気

図7—14　ボルボらしさを規定するP1800と164あるいは240ターボ[16]

を博するようになった)。2004年のYour Concept Carは、P1800を女性デザイナーらが再解釈したものであり、その後のS90のセダンもこの系列にある。

ボルボのファミリーフィーリングのもう1つの源泉は、「空飛ぶレンガ」ともいうべき無骨な直方体を感じさせる164あるいは240ターボである。この系列には、2003年のVersatility Concept Carやその後のエステート/クロスオーバーのV90などがある(他方、こういった2つの伝統的なモデルから外れている、SUVのXC90は、新たなボルボのファミリーフィーリングを模索するデザインとなっている)。

S90とV90のフロントビューの特徴は、ライオンの鼻を意識したグリル(図7―15)および北欧神話の雷神トールが使用する槌《つち》(ハンマー)を象《かたど》ったヘッドライト

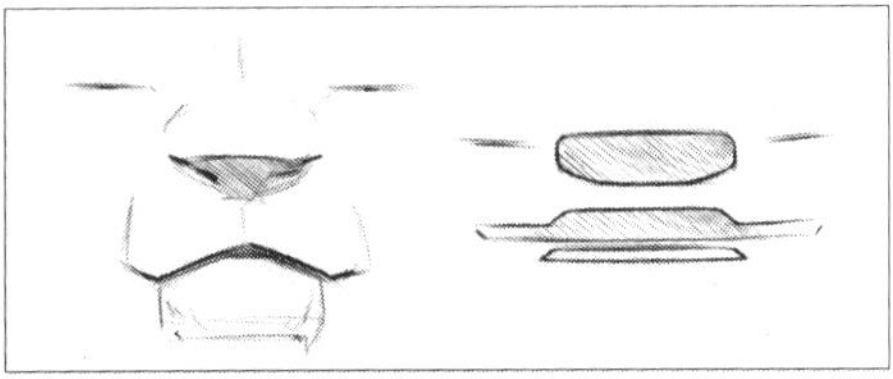

図7―15　ライオンの鼻を意識したグリル(17)

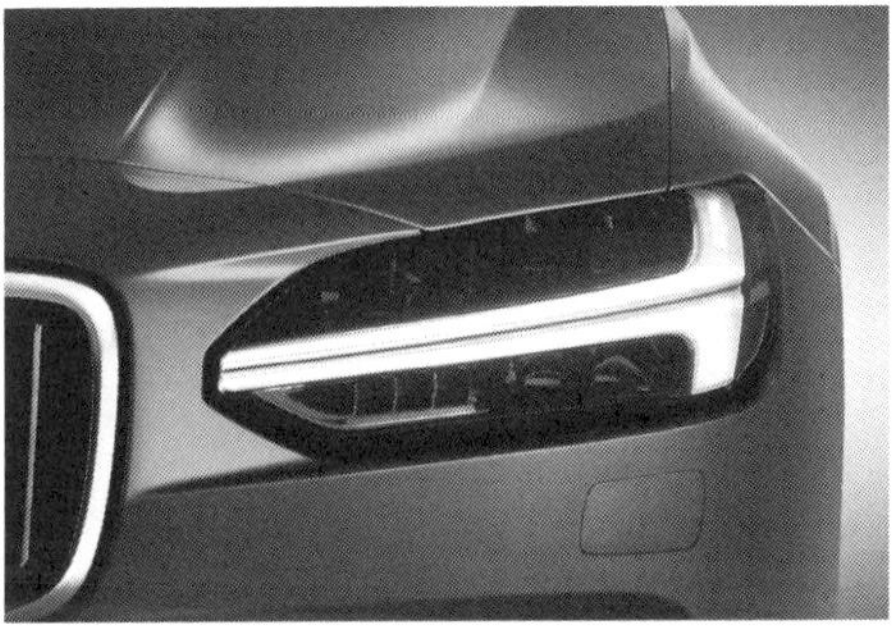

図7―16　トールハンマーヘッドライト(18)

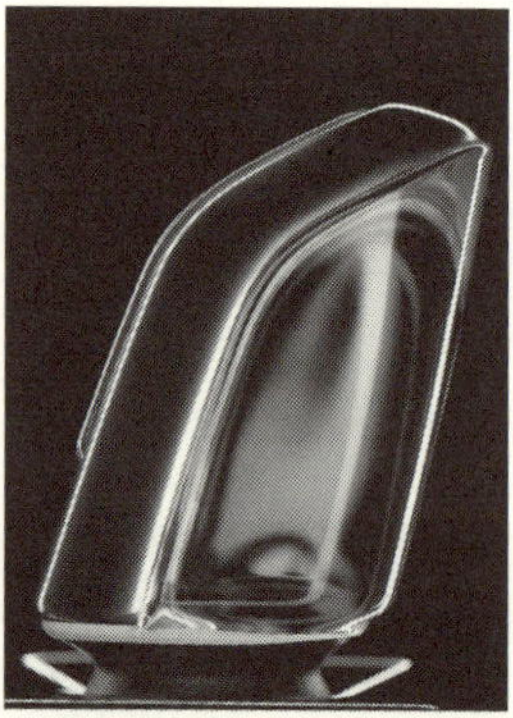

図7―17　クリスタルのギアレバー[20]

図7―18　J・デップの輪郭を備えた音量ボタン[21]

（図7―16）である。車内の空間が前後に伸びたV90に至っては、霊柩車《れいきゅうしゃ》と誤認されないように屋根の後部を一部切り落とし、また、英国ジャガーのような、車体後部でサイドラインが下がったタイプのシューティング・ブレーク（後部のオーバーハングが短縮されたステーションワゴン）というデザインと区別するため、サイドラインが下がらないようにデザインされた[19]。

インテリアでは、クリスタルのギアレバー（図7―17）、ダッシュボードの中央に配置された縦長のタブレットのようなタッチ式コントロールパネル（図7―19）、そして俳優ジョニー・デップの顔の輪郭を模したアイコンのついた音量ボタン（図7―18）などが特徴的である（美しい顔の候補として、ブラッド・ピットやジョージ・クルーニー等が検討されたが、最終的に採用されたのは、ジョニー・デップの顔の輪郭であった）。

ソフトウェアで安全性を向上

ボルボは、２０１８年に航空便の代替手段となるようなコンセプトカー３６０ｃを発表している（図７―20）。空港での待ち時間や乗り継ぎを考えると、３６０ｃは、３００km程度の移動距離なら航空便の代替手段となり得る。というのも、３６０ｃには自動運転機能があるので、必要なときに起動して、目的地に着くまで車内で打ち合わせしたり、就寝したりすることができるからである。

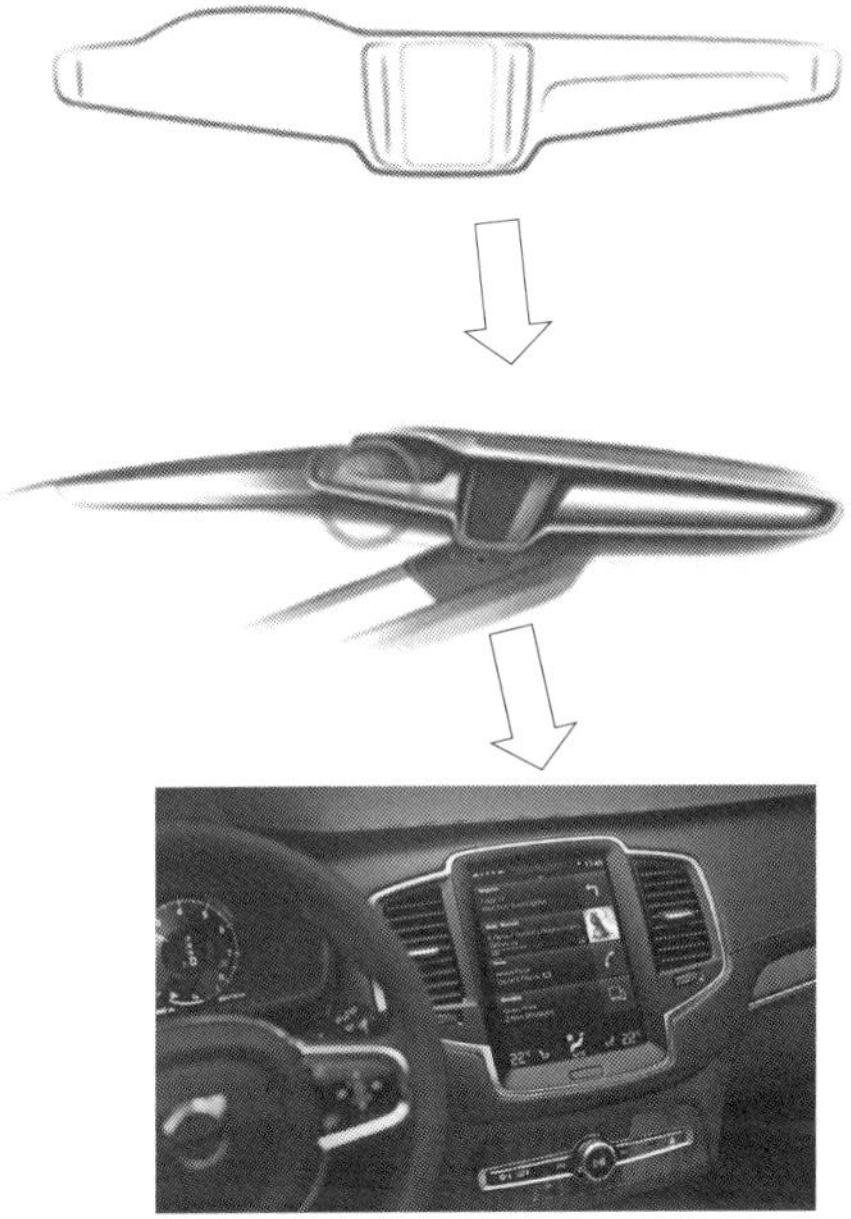

図７―19　タッチ式の大きなコントロールパネル[22]

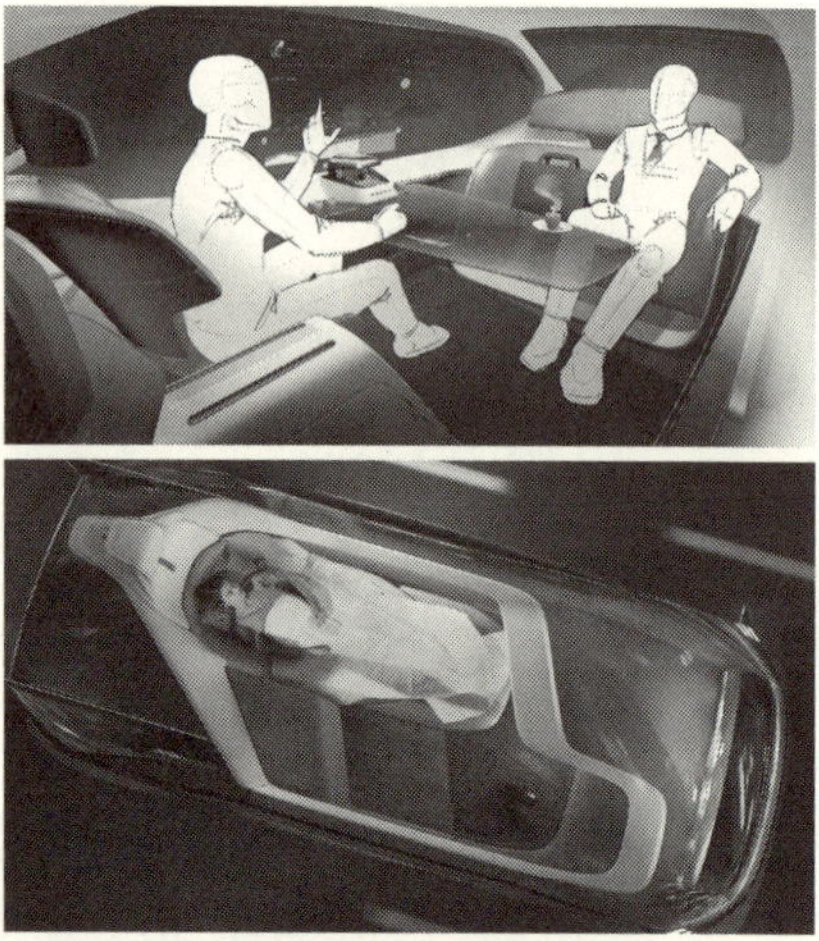

図7―20　航空便の代替手段としてのコンセプトカー360c（2018年）[23]

ボルボは、１９９９年から２０１０年までアメリカのフォード傘下にあったが、メルセデス・ベンツやＢＭＷといった高級車ブランドと肩を並べられず、さりとてトヨタやＧＭのような大衆車と競合する体力もなかったため、２０１０年には中国の吉利汽車の親会社である浙江吉利控股集団傘下に入ることとなった。吉利によるボルボ買収は、ボルボブランドの再生に結び付き、右肩上がりの販売台数を達成している。

その理由として、現代の車が車輪の上に乗った「コンピューター」であることを新生ボルボの経営陣が深く認識した結果、機械工学のエンジニアではなくソフトウェアのエンジニアの採用を積極的に行ったことが挙げられる。[24] 図7―18のタッチ式のコントロールパネルなどは、定期的にアップデートされるソフトウェアにはなくてはならぬものであり、ボルボが「インテリセーフ」と呼ぶ、ドライバーの安全運転を支援するシステム（衝突被害軽減ブレーキや車間距離を自動で保つ機能）などもソフトウェアなくしては実現できない。

ボルボのデザイン経営の特徴は、ケアの哲学に基づいた安全性を担保するためのソフトウェア開発とボルボらしさを受け継いだデザインとをうまく組み合わせている点にある。かたちとしてのボルボの原点は、Ｐ１８００と１６４あるいは２４０ターボにあり、また自然環境に配慮する北欧のデザイン哲学を反映して、インテリアに麻などの自然素材を用いる点もボルボらしさを訴える要素である。

終わりに——デザイン経営の展望

日本が目指すデザイン経営とは

本書は、多数の事例分析を通じて、デザインプロジェクトの意味合いが、イタリア、アメリカ、中国、韓国、日本、北欧によって異なることを示した。

日本の場合、韓国のようにトップダウンでデザイン経営を導入するなら、企業内部に強い権限を持った最高デザイン責任者（CDO）を設ける必要があるだろう（オーナー経営者ならなお都合がよい）。また、アメリカのデザイン思考を取り入れたソフトウェア開発を推進するならば、明治維新以来連綿と続く大企業と中小企業との二重構造に基づくような、プログラマーの報われない待遇を改善する必要がある。さらに、革新的なITサービスを生み出す工学的な設計を中国のように推進するためには、ソフトウェア工学への投資額を増やす必要があろう。

なお、日本にはイタリア同様、職人文化があるので、職人をデザインプロジェクトに巻き込んで、芸術作品のような模型をまず制作し、この模型を雛型とする工業製品を量産できるはずだ。そうすれば、優れた〝かたち〟を備えた芸術作品のような工業製品に囲まれた、視

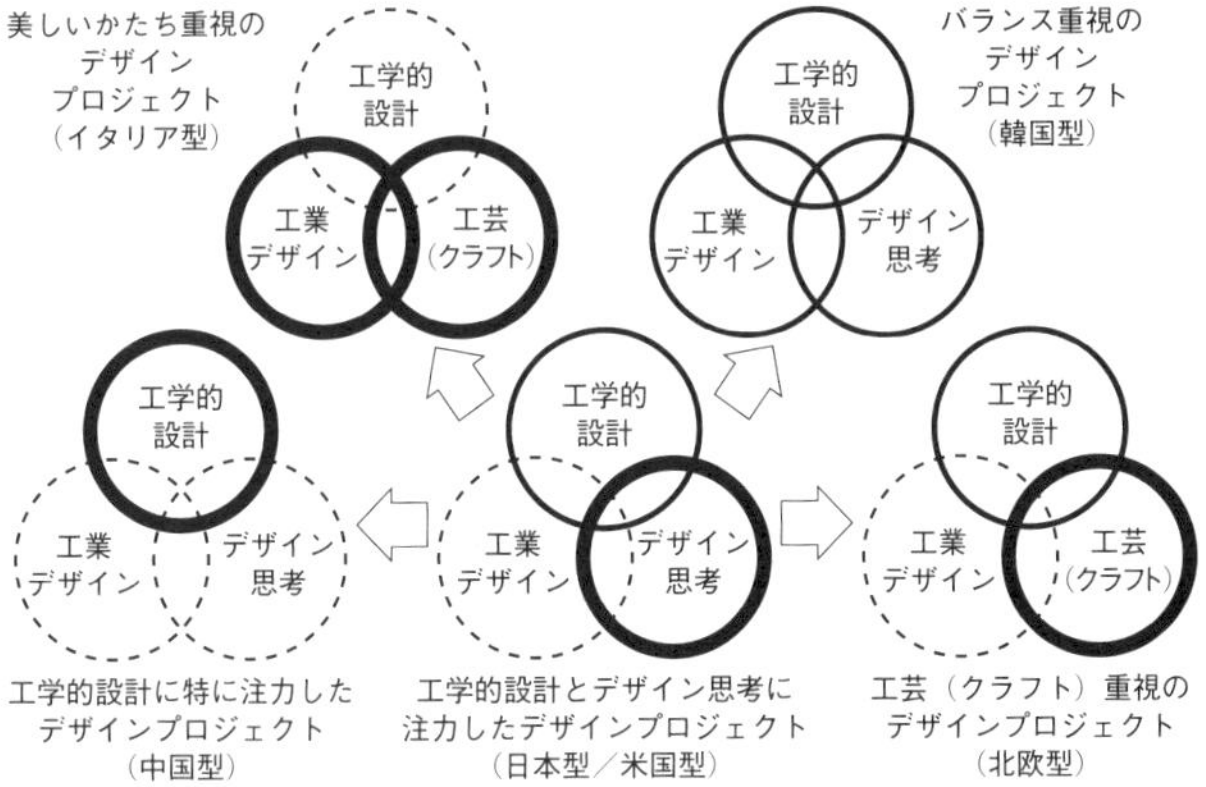

図終―1　デザインプロジェクトのタイプと国別の傾向

覚公害のない「眺めの良い暮らし」を実現できるだろう。そのためには、職人とデザイナーとが協業するデザインプロジェクト(あるいはデザインコンペティション)が、企業の内部で常時行われるような「プロジェクト文化」を日本企業に根付かせることが求められる。

そのさい、自然との共生を謳《うた》うなら、設計段階でリサイクル可能であることに考慮して廃棄物の量を減らす「北欧デザイン」の考え方を取り入れてもよいだろう。なお、工業製品の基盤にアートがあるからには、現代美術などのアートに着想を得て新製品やサービスを開発するという「アート思考」を採用するか、アーティストと協業することも勧められる。

以上をまとめたのが、図終―1(図1―5の再掲)である。デザインプロジェクト文化を自社内に根付かせるためには、⑴デザインプロジェクトへの投資を最優先事項として財務部門が扱い、⑵企業の中核的活動としてのデザインプロジェクトがうまくいくようにマーケティングや製造部門がサポートすることが望ましい。マーケティング部門の取り組みとして望まれるのは、たとえば、色彩に関して個々の消費者の好みを把握するのではなく、ブルースカイリサーチ／ビジョナリーリサーチ（55ページの図2―13）を実施して、市場全体で流行している色やいつまでも市場から消えない基調色を把握することである（デザイナーのアンドレア・ブランジィがかつて分析した結果によると、イギリスではキッチンに緑色が常に好まれる一方で、ドイツのマーケットにおいて消えない基調色は食べ物の色である黄色であったということである）[1]。

あるいはまた、⑶新たに生まれたライフスタイルを後押しするものとしてデザインプロジェクトを位置づけることである。たとえば、アメリカ西海岸で山道を自転車で滑走するライフスタイルが生まれたことに気が付いた自転車メーカーのチネリは、いち早く子ども向けのマウンテンバイクを作っている[2]。同様に、主に大都市部において自転車で書類を配達する「自転車メッセンジャー」を、新しいファッションを創造するトレンドセッターとして捉え、メッセンジャー向けの自転車とファッションを同時にデザインする、といったことも文化としてのライフスタイルをユーザーとともに協創するプロジェクトとなり得る。

財務・マーケティング・製造部門のサポートを受けて、図終―1で示されるようなさまざまなタイプのデザインプロジェクトが企業の中核的活動として常時、社内で行われるようになることこそ、エクセレント・カンパニーへの道である。

スイスのビジネススクールである国際経営開発研究所（IMD）によると、2024年の日本の世界競争力ランキングは64ヵ国中38位であり、過去最低となった。失われた30年を通じて日本が得意としてきた技術力の優位性も急速に失われてしまったが、付加価値の最大の源泉がデザインとなったからには、高級ヨットなどの最高級品のデザイン力を育んだり、インテリアデザイン理論を踏まえたモノ作りを行ったりすることで日本の再興が可能だろう。そのさい、ダイナミックに変化する日本の自然のうちにある「美しいかたち」の数理(3)を、日本人なら表現できるとみなされていることも、日本独自のデザインを生み出すヒントとなろう。

なお、魅力的なデザイン製品を生み出すにさいして、詩的なファンタジーをふくらませることもヒントとなり得る。たとえば、デザイナーのブルーノ・ムナーリは次のように述べている。

「それ（モノのかたち）は、我々には長さが長く、小さく、大きく、等々のように思われるだけでなく、軽く、安定していて、消えていくようであり、また、どんなに畏れ多いようでも静謐《せいひつ》で、それでいて1匹の動物であり、1つの山や花であり、また、典雅なアッティカ風

で、アステカ、そしてロココ調であるように思われるのである」(4)

さらにデザイン企業家のディーノ・ガヴィーナは、ジョセフ・B・フェンビーがデザインしたトリポリーナという椅子を、「交差した四本の棒と一枚の動物の皮からできていて、海沿いの小屋の中にあるような、座って海を眺めるための椅子」(5)と形容し、合理的な機能一辺倒ではない詩的な観点から椅子を捉えている。

デザイン企業家の使命

なお、工業デザインに携わるデザイン企業家は、デザイナーとの対話を通じて自分が考えるグッドテイストなものを公衆に提示し、公衆のテイストを洗練させていくミッションを持った文化的リーダーである。それゆえデザイン企業家にとって必須なのは、美学・美術の教養である。こうしたテイスト重視の経営手法をさまざまな経営手法と比較したのが表終―1である。

テイスト重視の経営戦略はラグジュアリー戦略と似ている。だが、アートが商品価値の源泉であるという点で、ブランドDNAや職人の匠の技といった無形の要素が商品価値の源泉として捉えられるラグジュアリー戦略とは対照的である。また、ラグジュアリー戦略と比べて、将来のライフスタイルを直観しつつ、それを今この現在において先取り的に実現するデ

表終―1　マネジメント手法の比較[6]

戦略類型／特徴	グッドテイスト（イタリア）	ラグジュアリー（フランス）	ファストファッション	プレミアム（米国流マーケティング）
商品価値の源泉	芸術作品としての工業製品の価値 ↑支える 芸術 （デザイナーと職人との協業、ミクロな眺めの良さ、下からの趣味の洗練）	無比かつ永遠不滅の価値 ↑支える 無形の要素 （伝統〔ブランドDNA〕・原産地・職人の匠の技・限定生産、顧客は限られた名士）	時間とともに消失するような、移ろいゆく価値（流行の価値） ～ボードレール美学～	費用対効果 ↑支える 有形の諸要素（客観的に測定可能な商品属性―機能・性能など）
修繕（Repair）サービス	充実	非常に充実	実施せず	乗り気ではない（買い替え需要に期待）
セールスプロモーション	国際見本市やファッションショー（新作コレクション）中心。店舗イメージは統一（特に旗艦店）。バーゲンセール無	国際見本市やファッションショー（新作コレクション）中心。マス広告は行わないが、店舗イメージは統一（特に旗艦店）。バーゲンセール無	TV・雑誌広告（H & M は Vogue, Forever 21は People, Cosmopolitan, Seventeen）、バーゲンセール。ただし、ZARAは、バーゲンセールを行わず、店舗イメージの統一に費用をかける。	通常のセールスプロモーション（米国流のマーケティング教科書に記載されているような内容）
ライセンス供与	行わない	行わない	積極的に行う	行う
職人文化尊重	◎製造拠点は、自国	◎製造拠点は、自国	×製造拠点は、途上国	△ケースバイケース
デザイナーの役割	◎職人と協業、消費者行動分析結果から独立	○消費者行動分析結果から独立	○ただしデザイナーではなく、流行を生むスタイリスト	△消費者行動分析結果に従属

ザイナーの役割がはるかに大きいのも、テイスト重視の経営戦略の特徴である。

ファストファッション戦略とは、商品価値の源泉を流行——永遠不変の価値というよりは、時間とともに消失するような、移ろいゆく価値——に置くもので、その価値は、流行を生み出すスタイリストに由来する。また、製造拠点は途上国であり、セールスプロモーションの仕方も国際見本市というよりは、テレビ・雑誌広告・バーゲンセールがメインである。

プレミアム戦略では、商品価値の源泉は費用対効果（コストパフォーマンス）であり、これは、機能・性能といった客観的に測定可能な商品属性（有形の諸要素）によって測定するものである。[7] そしてプレミアム戦略もファストファッション戦略もライセンス供与を行うが、ラグジュアリー戦略およびテイスト重視の経営戦略のほうは、ブランド価値の希釈化を避けるため、そういったことは行わない。

工業デザイナーの役割

マクロな景観（良い眺め）を創り出すのが建築家だとすれば、デザイナーは、室内などのミクロな景観を創り出すといえる。凄腕《すごうで》のデザイナーは、彫刻のセンスを備えたかたちの専門家であることに加えて、眺望をコントロールする建築家の素養も持っているのである。それゆえ、そこを眺めている時間が長く、その機会が多いなら、デザイナーはその眺めを改善しようとするだろう。たとえば、女性が自分の爪にネイルアートを施すのは、爪が視界に入る機会が多いからである（その結果、暮らしのQOLを上昇させることができる）。

なお、モノのかたちが美しいかどうかは、デザイナーのブランジィによると「私たちの工業のシステムが形としてより良い世界を造るのか、あるいは失敗する運命にあるのかという事柄にかかわる政治的な大問題(8)」なので、コンセプトに対して美しいかたちを与える工業デザイナーの責任は大きい。他方、〝かたち〟を受け入れる市民のほうでは、失われた美的判断力を何世代かかろうとも取り戻し、凡庸な〝かたち〟が身の回りに現れることを許さないような市民社会を再構築していく必要がある。

うっとりする眺めを創るデザイン経営

一般に、デザインする対象は、外から見たときに麗しい〝かたち〟を備えているべきだが、究極の工業製品ともいえるヨットの場合、同時に室内から室外を見たときの眺めもうっとりするものであることが望ましい。ヨット内のダイニングにいるときでも、まるで海辺の別荘にいるときのように、室内の眺めから室外の眺めへと視線を途切れることなく連続させたい。ヨットのインテリアでは、移り行く外部の自然の景観を絵画（＝画面）として映し出す「ガラス窓」と、人為的に創った（プライベートな領域である）インテリアの景観とを統合するこ

図終―2　スペクタクルな舞台としてのヨットのインテリア[9]

とで、壮観な眺め（スペクタクル）を創ることができる（図終―2）。

従ってデザイン経営の醍醐味《だいごみ》は、コンセプトに対して優れた〝かたち〟を与えることを通じて、目立つ美しいかたちと目立たない背景との対比から成る、「眺めの良い暮らし」の空間（スペクタクルな舞台）を創り出すことである（それはまた、電源ケーブルやコンセント・配管といった「視覚公害」が視界に入らない暮らしでもある）。というのも、そういった「舞台」こそが、個性を発揮して自分の人生を大胆に演じる役者（＝市民）に必要なのだから。

幸福な人生を目指して

最後に、暮らしの空間において良い眺めを享受することが幸福に繋がることを示したい[10]。図終―3の横軸は、生活の質（QOL）であり、安定雇用によって定収入があれば、健康・味覚・人間関係に恵まれることでそのレベルを上昇させることができる。人間関係に加えて、さらに（視覚という面で）良い眺めを享受すれば、思った以上に飛躍的に生活の質を高めることができ——これこそ生活大国イタリアの知恵である——、

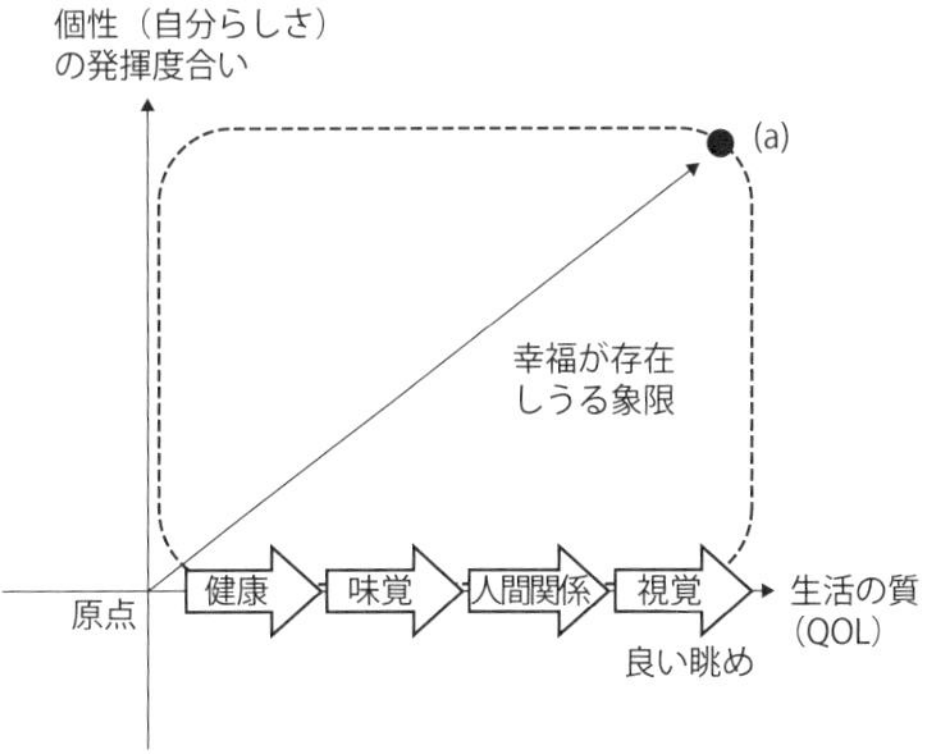

図終—3　生活の質を高める良い眺めのある暮らしと幸福の次元[11]

幸福な人生を送るには、縦軸で示される「個性（自分らしさ）の発揮度合い」と横軸の生活の質とで囲まれた面積（図終—3の(a)を1つの角とした、点線で囲まれた部分の面積）を大きくすることが大切である。

言い換えれば、幸せになるためには、（ミクロな）眺めにおいて視覚公害を徹底排除し、視覚を中心にして五感を満足させるような仕方で生活の質を高めるとともに、自分らしさを発揮すればよいのである（自分らしさが発揮できない状態は、個人の尊厳が満たされないので望ましくない）。生まれたからには五感を満足させるのが至極当然であり、芸術作品としての工業製品に囲まれた、うっとり

する眺めのある暮らしは、たとえ人生で耐えがたい不幸に見舞われたとしても、それに耐えられるほど痛みを和らげてくれるのである。

あとがき

本書は、失われた30年を取り戻すための処方箋である。明治維新以降の日本経済の歴史を振り返ると、戦前は絹や綿織物そして戦後は自動車を輸入品から輸出品へと転換することに成功したことはよく知られている。現在の日本に求められているのは、自動車産業の一本足打法を超えて、自転車・皮革製品・眼鏡・ヨット・家電といった高付加価値製品の輸入代替（内製化）と輸出振興をデザインの力で成し遂げることである。そうすることで外貨を獲得し、円安を克服できるはずだ。

自転車を例にとるならば、壁に掛けて眺めてうっとりできるような自転車（インテリアになり得るような自転車）を制作したい。そのためには、芸術作品のような工業製品から成る「眺めの良い暮らしの空間」を実現するとともに、視覚公害もなくしたい。つまり、広告看板、ガードレール、ビル屋上の空調設備／給水塔、山肌を覆う太陽光パネルやコンクリート、電柱及び電線といった視覚公害をもたらす〝ゴミ〟を視界から取り除く必要があり、屋内でも配管や電源コード／コンセントは、見えないほうがよいので隠さなければならない（そのさい、桂離宮のような庭園は、庭園の各要素がそれぞれ固有の美しさを発揮しながら、それでいて視覚公害を排した〝デザイン上のお手本〟となり得る)。現在の日本は、視覚公害大国となっているため、ジャパノロジストのアレックス・カー氏は、「日本は近代化に失敗した国(近代国家になり損ねた国)」であると断言しているが、本書には、良い眺めをもたらすデザインの力で「日本の再近代化」を達成しようという狙いもある。

本書出版にあたり、中公新書をご紹介いただいた成城大学教授の牧野圭子先生にお礼申し上げたい。また、学位論文を指導していただいた京都大学名誉教授で佛教大学教授の若林靖永先生には深い感謝の意を表したい。そして、株式会社ファミリア代表の岡崎忠彦氏と営業部の小山宏美氏には繁忙期にもかかわらず取材に応じていただきお礼を申し上げたい。さらに編集部の酒井孝博氏および丁寧に拙稿を見ていただいた校閲者に対して、厚く感謝の意を申し上げる。

最後になるが、これまで誰も深く研究してこなかった未踏の領域であるため、道に迷ったあげく研究成果を挙げられない恐れのあった〝デザイン大国イタリア〟のデザイン理論について、研究するように強く勧めてくれた妻泰子に感謝したい。

令和7年3月

小山太郎

（３）Antonelli (2011) pp.112-119
（４）Mari,E. (2004) p.16
（５）Castelli, et al. (2007) p.117
（６）Bastien et al. (2013) pp.23-25を踏まえ、筆者作成。
（７）付加価値の源泉であるコストパフォーマンスの悪い製品・ブランドが市場シェアを失い、最終的には市場から淘汰されることを顧客価値マップを用いて証明したのは、ブラッドリー・ゲールである Gale (1994)。
（８）邦訳横山（2000）p.171
（９）画像は、https://designandcontract.com/it/realizzazioni/motoryatch より。
（10）以下の幸福と生活の質とに関する考察は、Skidelsky et al. (2012) を踏まえている。芸術作品としての工業製品に囲まれた眺めの良い暮らしに加えて、自分らしさを発揮するという点で個々人の尊厳が満たされてはじめて、幸福の次元が開かれる。生活の質と個性が発揮される程度によって規定される幸福は、個人が感じる主観的なものというよりも客観的な次元で捉えられる（幸福とは、存在の称賛すべき望ましい状態〔ギリシャ語のエウダイモニア〕なのである）。
（11）Skidelsky et al. (2012) を踏まえて筆者作成。

(15) *Auto & Design* (2021) p.7より。
(16) P1800: CC BY-SA 3.0 by Liftarn、Your Concept Car および Versatility Concept Car: Karjalainen (2006)、164: photo by Dennis Elzinga, CC BY 2.0、240ターボ: photo by Lothar Spurzem, CC BY-SA 2.0 DE、S90: https://www.volvocars.com/jp/cars/s90-hybrid/、V90: https://www.volvocars.com/jp/cars/v90/ より。
(17) Ready (2017) p.58より。
(18) https://www.media.volvocars.com/global/en-gb/media/photos/170153/thors-hammer-headlight-volvo-s90-mussel-blue より。
(19) Frank, M. (2016) より。
(20) https://www.media.volvocars.com/global/en-gb/media/photos/170121/detail-crystal-gear-lever-silhouette-volvo-s90より。
(21) Ready (2017) p.17より。
(22) Ready (2017) p.23および https://www.media.volvocars.com/global/en-gb/media/pressreleases/146677/all-new-volvo-xc90-to-transform-the-in-car-driving-experience より。
(23) https://autodesignmagazine.com/2018/11/volvo-360c-la-nuova-forma-della-sicurezza/ および https://www.media.volvocars.com/global/en-gb/media/pressreleases/237017/volvo-cars-new-360c-autonomous-concept-why-fly-when-you-can-be-driven より。
(24) Charan et al. (2018)

【終わりに】
(1) Branzi (1984) pp.41-42
(2) Morano (2012) p.66

（19）加藤（1967）p.233
（20）Ofek et al. (2020) pp.11-12
（21）谷崎（1975）p.48

【第７章】
（１）森岡（1983）
（２）Fiell (2003) pp.8-18による。
（３）本節は、主に Avasilcai et al. (2015)、Schaan et al. (2014)、Trabucco (2001)、Yu et al. (2020) に基づく。
（４）https://www.electrolux.hu より。
（５）Tukker (2004) p.248より。
（６）https://www.electroluxgroup.com および Trabucco (2001) p.102より。
（７）Avasilcai et al. (2015) p.11より。
（８）https://www.electroluxgroup.com より。
（９）本節は、主に Hedvig (2017)、Huy et al. (2011)、Key (1913)、Kristoffersson (2014)、池上（2021）、川島（1996, 1999）に基づいている。
（10）パブリックドメイン
（11）イタリアのデザイン企業家であるマッダレーナ・デ・パドヴァは、簡素で安価な北欧家具に民主的な可能性を感じ、イタリアにそれらの家具を導入した先駆者である。
（12）Huy et al. (2011) より。
（13）本節は、主に Charan et al. (2018)、Fields (2003)、Karjalainen (2006)、Oberholzer-Gee et al. (2019a, 2019b)、Ready (2017)、*Auto & Design* (2021)、およびカー・マガジン編集部／中三川大地（2006）に基づく。
（14）https://www.media.volvocars.com/global/en-gb/media/videos/42391より。

のHP（https://www.honda.co.jp）等に基づいている。
（2）Ruskin (1894) p.425
（3）https://hondanews.eu/eu/en/cars/media/pressreleases/105323/hondas-neuv-concept-makes-european-debut-at-the-geneva-motor-show、*Auto & Design* (2019)、『ホンダHonda eのすべて』より筆者作成。
（4）内田他（2021）および『ホンダHonda eのすべて』より。
（5）『ホンダHonda eのすべて』より。
（6）Fioravanti (2015) pp.125-127。本田らしさを表現する車として提案されたHP–Xのかたちは気に入られなかった。
（7）本節は、上岡（2019）、守山他（2015）およびバルミューダのHP（https://www.balmuda.com/jp/）に基づいている。
（8）同社HPより。
（9）Morello et al. (1984) p.146, p.159, p.179より。
（10）プラスチックをファンタスティックにする手法については、Ibid. p.59に基づく。
（11）Ibid. pp.46-47より筆者作成。
（12）本節は、主に2023年3月20日に筆者が同社に対して行った取材に基づく。
（13）『wishlist』p.302
（14）ファミリアより提供。
（15）同社より提供。
（16）『wishlist』p.237より。
（17）同書p.247より。
（18）『ドリス・ヴァン・ノッテン——ファブリックと花を愛する男』（DVD、2018）

無関係な）幾何学上の美しいかたちを備えた家具”の縦軸は、どちらもイタリアンデザインの反合理主義的な設計思想を反映している。量産を求める産業の圧力に屈し、産業と妥協した（ドイツのウルム造形大学を率いた）トマス・マルドナードのインダストリアルデザインとは異なり、デザインにおいて詩情を確保し、機能や性能一辺倒ではない反合理主義的な設計思想を貫くイタリアンデザインは、産業との妥協を排したウィリアム・モリスの精神を引き継いでいるともいえよう。

（14）Bachelard (1957)（邦訳岩村〔2002〕p.155）

（15）邦訳大石（1962）p.158, pp.180-181, p.214より。

（16）本節は、主にChung et al. (2014)、Chung et al. (2015)、Nam et al. (2012)、Klanten et al. (2021) に基づく。

（17）Nam et al. (2012) p.44

（18）Klanten et al. (2021) pp.172-173

（19）Chung et al. (2014) p.9

（20）Favilla and Agnelli (2013) p.196

（21）ドリアデ社のデザイン企業家のエンリコ・アストリは、こういった才能あるデザイナーと協業することで詩的な言語活動に関する“バベルの塔”を建てることを通じて、自社の企業アイデンティティを刷新してきた。美学上の種々の様式美に応じてさまざまなかたちがインダストリアル・アートとして結実する、というのが詩的な言語活動に関するバベルの塔を建てるということの意味である（小山（2021a）p.103）。

【第6章】

（1）本節は、主に岩倉他（2005）、内田他（2021, 2022）、本田（2000）、『ホンダデザインのリアル』、およびホンダ発法人科学技術振興機構研究開発戦略センター，2024年２月（https://www.jst.go.jp/crds/pdf/2023/OR/CRDS-FY2023-OR-01.pdf）

（３）本節は、主に Farhoomand et al. (2009)、Freeze et al. (2008)、Yoo et al. (2015)、石田（2013）に基づく。

（４）よみがえるか日本の電機 (5)『日経産業新聞』2012年8月27日および「デザイン経営の実際——サムスン電子の成功事例から」（https://www.rieti.go.jp/jp/events/bbl/13073101.html）より。

（５）Farhoomand et al. (2009) p.16より。

（６）小山（2021a）p.150より。

（７）V字形のラインは、ソウルの景福宮のラインに着想を得たものだという指摘もある。

（８）ローマ：https://www.samsung.com/sec/business/insights/news/news-20210224/、ボルドー：https://news.samsung.com/global/the-history-of-samsung-tvs-amalgamation-of-art-and-technolog、セリフ：浮田（2020）より。

（９）本節は、主に Fang (2019)、Kim et al. (2011)、Kim (2022)、LG 전자 (2008) に基づいている。

（10）Fang (2019) p.83より。

（11）https://www.lxhausys.com/uk-en/designer-collaborations より。

（12）視覚思考については、Parmesani (2004), pp.87-89および http://www.ateliermendini.it/index.php?mact=News,cntnt01,detail,0&cntnt01articleid=239&cntnt01detailtemplate=AnniDett&cntnt01lang=en_US&cntnt01returnid=185を参照。

（13）同図の説明を含めて小山（2022）から。図５－７の“自然／生命の美しいかたちを備えた家具⇔（自然とは

Geely（https://www.just-auto.com/interview/interview-peter-horbury-head-of-design-geely/）を、そして長城汽車については、Breevoort (2021) および Feng (2022) を参照している。

（17）Fumia (2015) p.576および https://nev.ofweek.com/2021-07/ART-71008-8220-30507672.html より。

（18）Fumia (2015) p.575。なお、デザイナーのマルチェッロ・ニッツォーリがミシンの模型に対してさまざまな服を着せ、同じくジオ・ポンティもガラス瓶を女性の裸体と考え、さまざまな衣装を着せたことに鑑みると、模型の表面に模様を入れるという発想ではなく模型に対してボリューム感のあるさまざまな衣装を着せるという発想のほうがデザインの発想法としては3次元的で躍動感を感じさせる。

（19）Fumia (2015) p.548, p.566より。

（20）Ibid. pp.584-585より。

（21）Donnelly (2020) pp.80-81より。

（22）Ibid. p.85より。

（23）Ibid. p.83より。

（24）AutoBest round table with Peter Horbury - chief designer of Geely Group - 2（https://www.youtube.com/watch?v=RfiTdJhR5JA）

（25）ORA R1: Feng (2022)、ORA グッドキャット：Misoyannis (2022)、ORA バレエキャット：Hickey (2022)、ORA ライトニングキャット：Mendoza (2022) より。

【第5章】

（1）吉岡（2024）より。

（2）「科学技術・イノベーション動向　韓国編」国立研究開

(2020)、辛 (2015) pp.59-66 および pp.114-117、吉原他 (2006)、娄他 (2016) pp.92-98に基づく。

（6）これは、京セラの“アメーバ経営”（全員参加経営を目指す経営手法で、会社組織を小さな集団〔アメーバ〕に細分化し、小集団ごとに独立採算で運営する）と似た仕組みであるが、ハイアールの場合、金銭的報酬と直結している点が京セラと異なる。

（7）Krumwiede et al. (2019) より筆者作成。

（8）いわゆる製品サービスシステム（PSS）に該当する。PSS については北欧の章（p.177）を参照のこと。

（9）徐他 (2016) p.99-100 および https://www.haier.com/global/press-events/news/20150508_142638.shtml より。

（10）噴流が曲面に沿って流れる性質。

（11）Haier smart home (https://smart-home.haier.com/en/shzr/shzrbgxz/P020220601451447005775.pdf) より筆者作成。

（12）本節は、Lu et al. (2020) pp.197-202、陳 (2017, 2022)、徐他 (2016) pp.70-73、韩他 (2016) pp.32-37、辛 (2015) pp.152-165に基づく。

（13）陳 (2022) p.28

（14）大疆创新（DJI）成功的原因是什么？（https://www.zhihu.com/question/29401321/answer/110795623）より筆者作成。

（15）https://getadrone.com.au/product/DJI/Inspire%201および https://www.dji.com/newsroom/news/announcing-the-dji-inspire-1より。

（16）奇瑞汽車については、Farhoomand et al. (2007) および Fumia (2015) pp.572-595を、また吉利汽車については、Donnelly (2020)、Cropley (2018)、Ravenscroft (2019) および INTERVIEW: Peter Horbury, Head of Design,

（12）現代自動車のIoniq 7のコンセプトなどはその例である。
（13）本節は、Datar et al. (2021) に基づいている。
（14）Ibid. p.17
（15）https://www.ibm.com/design/language/iconography/ui-icons/design より。
（16）Datar et al. (2021) p.20
（17）本節は主にEsslinger (2009)（邦訳黒輪〔2010〕)、Mickle (2022)（邦訳棚橋〔2022〕)、Kahney (2013)（邦訳関〔2015〕)、Kocienda (2018)（邦訳二木〔2019〕)、Kunkel (1997)（邦訳大谷〔1998〕）に基づいている。
（18）Kahney (2017) より筆者作成。なお、画像の出典は以下 (a): Apple/United States Patent and Trademark Office, (b), (c), (d), (e), (f): Apple/Samsung trial
（19）佐伯（1988）p.19より。
（20）邦訳大谷（1998）p.140

【第4章】

（1）たとえば清華大学は、2017年にミラノ工科大学との間で中伊デザインイノベーション拠点を設置しつつ、IDEOと共同で企業幹部・企業家向けの教育プログラムである「Creative China 2030」を提供することを発表した。同済大学や浙江工商大学も革新的デザイン教育に取り組んでいる。
（2）なお、イノベーションデザインに関する研究プロジェクトの成果は、中国科学技術出版社から『中国好設計』シリーズとして刊行された。
（3）Liu (2016) p.53
（4）周 (2019) p.6
（5）本節は、Frynas et al. (2018)、Hamel et al. (2018)、Lu et al. (2020) pp.217-221、徐他 (2016) pp.98-102、徐

（33）佐藤（2001）p.347
（34）Dorfles (2004) p.25

【第３章】

（１）Model S: https://www.news18.com/news/auto/tesla-model-s-plaid-delivery-event-delayed-as-company-announces-more-time-required-for-tuning-3794732.html、Model X: https://s.japanese.joins.com/JArticle/299656?sectcode=430&servcode=400、Model Y: 陳（2023）、Model 3: https://auto.economictimes.indiatimes.com/news/tesla-cuts-delivery-waiting-time-for-model-y-in-china-to-a-minimum-of-4-weeks/93630064、セミ：Choudhury (2022)、サイバートラック：Kane (2023) より。
（２）Franz von Holzhausen—Tesla Versus The World (https://www.motortrend.com/news/franz-von-holzhausen-tesla-motors/)
（３）Loh (2019)
（４）Squatriglia (2009)
（５）*Innovation 2013 Year book of Design Excellence*, p.44 (https://www.idsa.org/wp-content/uploads/Innovation_Fall2013_BestinShow.pdf)
（６）Vance (2015)
（７）Musk: “Macché ricerche di mercato, il Cybertruck è fatto per spaccare” (https://insideevs.it/news/437194/tesla-cybertruck-elon-musk/)
（８）Rothaermel (2020)
（９）Rechtin (2019)
（10）Davies (ed.) (2017)
（11）本章注（２）を参照。

（18）芸術作品を数多く保有する（ピアチェンツァ州の）ボッビオの街で育ったカーデザイナーのフィリッポ・ペリーニは、そういった芸術作品がロマネスク様式や古典様式の建築に由来する厳密な美の規範に従って制作されていることに注意を促しつつ、自らは幼少時からバランスの取れたスーパーカーを眺めてきた、と証言している（Favilla et al. (2013) p.196)。
（19）De Sliva (2021) p.77
（20）邦訳大石（1962）pp.236-240
（21）https://www.elettrauto-rivoli.it/blog/le-vetture-del-brand-ferrari-dino, https://www.pinterest.jp/pin/120752833743219181/, https://www.classiccarpassion.com/en/magazine/buying-guides/ferrari-testarossa-buying-guide-the-pinnacle-of-80s-excess, Fumia (2015) p.212より。
（22）Argan (2003) pp.212-213
（23）林（1968）p.15
（24）本節は、小山（2021a）に基づく。
（25）Castelli et al. (2007)。この本は、家具分野を中心として30名以上のイタリアの著名なデザイン企業家らが、そのデザイン経営の仕方について証言した価値あるものであり、その内容については小山（2021a）で知ることができる。
（26）Verganti (2009) p.184
（27）Moon et al. (2004) pp.3-4
（28）Castelli et al. (2007) p.329
（29）Ibid. p.393
（30）Corbellini et al. (2004)（邦訳長沢他〔2013〕p.153）
（31）Celaschi et al. (2005) p.192
（32）小山（2021a）pp.77-80

源は、吸気、エンジン、排気の3つであり、ターボチャージャーを付けると吸気音と排気音を平坦かつ滑らかにすることができる（その意味でターボチャージャーは銃のサイレンサーのようなものである）。他方、エンジン音を決めるのは、シリンダーの数、その燃焼順序、エンジンやターボチャージャーの形状、材料、遮蔽物等である。フェラーリのエンジニアたちが好んだのは、加速時の大きな音ではなく、加速時にエンジンが働いて“変化する音”（コントロールされながらも立ち上がろうとする野獣のような音）であった。この音を出すためには、エンジン回転のあらゆる範囲に対して倍音（ハーモニクス）と音色を最適化しなければならず、そのために排気口径を63mmから70mmへと拡大することとなった。これは、あらかじめ録音したエンジン音や合成したエンジン音を室内に送り込んだり、また、スロットルの吸気量を増やして、加速時に空気を吸い込んで音を出すような、競合他社が採用していたやり方とも異なるものであった。つまり、フェラーリにとってエンジン音は、音楽であった（Thomke, et al. (2018) pp.7-8）。

（https://www.wikiwand.com/en/Ferrari_488_GTB より。photo by Vauxford, CC BY SA 4.0）

（8）Ibid. pp.94-95より。
（9）Ibid. pp.96-101より。
（10）Argan (2003) p.46
（11）本節は、主に小山（2021b）に基づいている。
（12）Queen (2016), https://medium.com/@fashion_art_cinema/collaboration-of-fashion-designer-and-artist-schiaparelli-and-dali-17abf613e2e6, https://eyesaremosaics.tumblr.com/post/142762242427/elsa-schiaparelli-glass-cape-made-from, https://fusillo3.wixsite.com/senzalimiti/single-post/vico-equense-salvador-dal%C3%AC-and-minerals?lang=en より。
（13）https://fumettologica.it/2018/05/valentina-fumetti-asta-crepax/, Belpoliti (2014), https://www.corriere.it/gallery/cultura/05-2012/valentina/1/guido-crepax-mondo-valentina_8fd891ec-a8e7-11e1-9745-9bc890f97404.shtml?title=Valentina%20glamourDalla%20mostra%20%ABValentina%20Movie%BB%26pos=6より。
（14）de Combray (1982) p.27, p.38より。
（15）本節は、主に小山（2021a）および小山（2023）に基づく。
（16）邦訳大石（1962）p.319
（17）カーデザイナーであるフラビオ・マンツォーニの指摘によると、そういったバランス感覚は、誰も教えられないものであり、自らのうちにある理性的な部分と情緒的な部分とが出合った結果であるということである（*Auto & Design* (2005) p.31および Favilla et al. (2013) p.188）。なお、そのデザインをマンツォーニが指揮した488GTB のプロジェクトでは、顧客がエンジン音と性能とを結び付けて考えることから、エンジニアとテストドライバーが協業して、望ましいエンジン音を実現すべく試行錯誤が繰り返された。エンジン音の発生

(14) 同書 p.183より。
(15) 同書 p.34より。
(16) Finizio (2002) より筆者作成。
(17) Castelli et al. (2007) pp.342-343
(18) 筆者作成。以下、３つの円を重ねた図についても同様。
(19) Farh and Pi (2018) および Ofek et al. (2018) より。
(20) Farr (1965) p.38
(21) Borja de Mozota et al. (2019) p.9 および Cooper et al. (2011) pp.20-29より筆者作成。
(22) "Design Index: The Impact of Design on Stock Market Performance, Report to December 2004" より。
(23) https://www.dmi.org/page/DesignValue より。
(24) Design delivers for business (https://www.idi-design.ie/content/files/DesignDelivers_for_Business_briefing.pdf)

【第２章】

(１) https://www.marxists.org/archive/morris/works/1882/hopes/chapters/chapter5.htm
(２) 本節は、主に小山（2022）、同社ＨＰ（https://valcucinetokyo.jp/）および L'amico geniale: Gabriele Centazzo racconta Valcucine（https://shop.fattorinidesign.com/gabriele-centazzo-racconta-valcucine/）に基づく。
(３) 邦訳大石（1962）p.24
(４) Verganti (2009)（邦訳佐藤他〔2012〕p.262）を元に筆者作成。
(５) Centazzo (2007) pp.162-163より。
(６) Ibid. pp.6-9より。
(７) Ibid. p.145および p.159より。

注

【はじめに】

（1）“Design Index: The Impact of Design on Stock Market Performance, Report to December 2004,” Design Council（https://designbusinesscouncil.com/wp-content/uploads/2017/08/design_index_9199.pdf）

【第1章】

（1）“design thinking,” *BusinessWeek* 2005/3/8

（2）Brown (2008) および Carlgren et al. (2016) より筆者作成。

（3）Kelley et al. (2013)（邦訳千葉〔2014〕p.135）

（4）同書 pp.30-36

（5）同書 p.194

（6）同書 pp.107-108

（7）Muschamp et al. (1999)（邦訳横山〔2000〕p.171）

（8）印象派の点描画の1つ1つの点は、個々人の生の1回限りの輝きを示すものとして解釈し得る。

（9）ラカン派精神分析においては不可能なものあるいは現実的なものと呼ばれるもの。

（10）筆者作成。

（11）Ponti (2007)（邦訳大石〔1962〕pp.236-240）

（12）本項は、吉川（2020）pp.57-63、Suh (1990)（邦訳畑村〔1992〕pp.22-41）、Pahl et al. (2007)（邦訳金田他〔2015〕pp.27-46, pp.179-185）、Pahl et al. (1988)（邦訳設計工学研究グループ〔1995〕pp.23-35）、冨山（2002）pp.61-65、松岡（2018）pp.3-8に基づいている。

（13）邦訳金田他（2015）p.32より。

uploads/2017/08/design_index_9199.pdf)
"design thinking," *BusinessWeek* 2005/3/8
Innovation 2013 Year book of Design Excellence, pp.42-47, IDSA (https://www.idsa.org/wp-content/uploads/Innovation_Fall2013_BestinShow.pdf)

Thomke, S., E. Corsi, and A. Nimgade (2018), *Ferrari*, HBR case 618-047

Thorell, M. (2019), *Karin Bergöö Larsson and the Emergence of Swedish Design*, McFarland & Company

Torekull, B. (2006), *Historien om IKEA: Ingvar Kamprad berättar för Bertil Torekull*, Wahlström & Widstrand（楠野透子訳『イケアの挑戦――創業者（イングヴァル・カンプラード）は語る』ノルディック出版，2008）

Trabucco, F. (ed.) (2001), *White design: Innovazione di prodotto e innovazione di processo nel settore dell'elettrodomestico bianco*, Edizioni POLI.design

Tukker, A. (2004), "Eight Types of Product-Service System: Eight Ways to Sustainability? Experiences from SusProNet," *Business Strategy and the Environment*, Vol.13(4), pp.246-260

Vance, A. (2015), *Elon Musk: Tesla, SpaceX, and the Quest for a Fantastic Future*, Ecco

Verganti, R. (2009), *Design-Driven Innovation: Changing the Rules of Competition by Radically Innovating What Things Mean*, Harvard Business Press（佐藤典司他監訳『デザイン・ドリブン・イノベーション』同友館，2012）

Volonté, P. (2008), *Vita da Stilista: Il ruolo sociale del fashion designer*, Mondadori Bruno

Yoo, Y. and K. Kim (2015), *How Samsung Became a Design Powerhouse*, HBR case R1509E

Yu, H. H. and I. Buche (2020), *Electrolux: Subscribing to Growth*, IMD case IMD-7-2151-T

"Design Index: The Impact of Design on Stock Market Performance, Report to December 2004" (2005), Design Council (https://designbusinesscouncil.com/wp-content/

wordpress.com/2016/03/21/migliori-look-degli-anni-trenta-salvador-dali-ed-elsa-schiaparelli/)

Quintavalle, A. C. (1988), "Moda e Design: Progetto Italiano," in B. G. Aragno (ed.), *Moda Italia: Creativity and Technology in the Italian Fashion System*, Editoriale Domus, pp.128-133

Ravenscroft, T. (2019), "There is 'no stopping' China's car design industry says Peter Horbury" (https://www.dezeen.com/2019/05/09/peter-horbury-geely-car-design-china/)

Ready, O. (ed.) (2017), *XC90, S90, V90: The Design Story*, Volvo Car Group

Rechtin, M. (2019), "Tesla's Crazy-Angular Cybertruck: Electric Pickup, Stealth Fighter, or Mars Rover?" (https://www.motortrend.com/features/tesla-cybertruck-electric-pickup-stealth-fighter-mars-rover/)

Rothaermel, F. T. (2020), *Tesla, Inc.*, HBR case MHE-FTR-067

Ruskin, J (1894), *The Complete Works of John Ruskin: Fors Clavigera*, vol 3., Bryan, Taylor & Company

Schaan, J. and C. S. Ramasastry (2014), *Electrolux AB: Managing Innovation*, HBR case W14500

Skidelsky, R. and E. Skidelsky (2012), *How Much Is Enough?: Money and the Good Life*, Other Press（村井章子訳『じゅうぶん豊かで、貧しい社会——理念なき資本主義の末路』筑摩書房，2014）

Squatriglia, C. (2009), "First Look at Tesla's Stunning Model S" (https://www.wired.com/2009/03/first-look-of-t/)

Suh, N. (1990), *The Principles of Design*, Oxford University Press（畑村洋太郎監訳『設計の原理——創造的機械設計論』朝倉書店，1992）

レ・ソットサス』鹿島出版会，2000）
Muzzarelli, M. G. (2008), "Il posto della storia negli studi sulla moda," in A. Mascio (ed.), *Vsisioni di Moda*, FrancoAngeli, pp.17-25
Nam K., D. O. Lee and K. Chung (2012), "The Impact of CEOs' "Design-Driven" Decision Making in the Korean Automobile Industry," *Design Management Journal*, Vol.7(1), pp.40-49
Oberholzer-Gee, F., W. Shih and N. Dai (2019a), *Zhejiang Geely Holding Group: Acquisition of Volvo Cars*, HBR case 619-041
Oberholzer-Gee, F., W. Shih and N. Dai (2019b), *Volvo Cars: Acquisition by Geely*, HBR case 619-042
Ofek, E., T. Tao, E. Yin and N. H. Dai (2018), *Huawei: How Can We Lead the Way?*, HBR case 9-518-071
Ofek, E., B. Chan and D. Lau (2020), *Tencent: Combining Techonology and Culture*, HBR case 9-521-066
Pahl, G. and W. Beitz (1988), *Engineering Design: A Systematic Approach*, Design Council（設計工学研究グループ訳『工学設計――体系的アプローチ』培風館，1995）
Pahl, G., W. Beitz, J. Feldhusen, K. H. Grote (2007), *Engineering Design: A Systematic Approach*, Springer（金田徹他訳『エンジニアリングデザイン――工学設計の体系的アプローチ（第3版）』森北出版，2015）
Parmesani, L. (ed.) (2004), *Alessandro Mendini Scritti*, Skira
Ponti, G. (2007), *Amate l'architettura*, 3rd ed., Società Editrice Vitali e Ghianda（大石敏雄訳『建築を愛しなさい』美術出版社，1962）
Queen, A. (2016), "Migliori Look Degri Anni Trenta: Salvador Dali' ed Elsa Schiaparelli" (https://migliorilook.

Manufacturing, Springer
LG전자 (ed.) (2008), *LG Electronics 50-year History VOL.4: The People Company*, LG전자
Mari, E. (2004), *La valigia senza manico*, Bollati Boringhieri editore s.r.l.
Mendoza, I (2022), "Ora Lightning Cat, el coche eléctrico chino que soñaba con ser un Porsche Panamera" (https://www.motorpasion.com/coches-electricos/ora-lightning-cat-coche-electrico-chino-que-sonaba-ser-porsche-panamera)
Mickle, T. (2022), *After Steve: How Apple Became a Trillion-Dollar Company and Lost Its Soul*, William Morrow（棚橋志行訳『After Steve アフター・スティーブ――３兆ドル企業を支えた不揃いの林檎たち』ハーパーコリンズ・ジャパン，2022）
Misoyannis, A. (2022), "Ora Good Cat: Everything you need to know about Australia's next affordable electric car" (https://www.drive.com.au/news/ora-good-cat-everything-you-need-to-know/)
Morano, L. P. (ed.) (2012), *Cinelli: L'arte e il design della bicicletta*, Rizzoli
Morello, A. and A. Castelli Ferrieri (1984), *Plastiche e design*, Arcadia Edizioni
Moon, Y, V. Dessain and A. Sjöman (2004), *Alessi: Evolution of an Italian Design Factory (C)*, HBR case 504-020
Munari, B. (1981), *Da cosa nasce cosa: Appunti per una metodologia progettuale*, Laterza（萱野有美訳『モノからモノが生まれる』みすず書房，2007）
Muschamp, H. and A. Branzi (1999), *The Work of Ettore Sottsass and Associates*, Universe（横山正訳『巨匠エット

ット——想像力・好奇心・勇気が目覚める驚異の思考法』日経 BP，2014）
Kim, B. and J. Baek (2011), "Leading the Market with Design Thinking and Sensibility," *Design Management Review*, Vol.22(3), pp.80-89
Kim, J. (2022), "History and Current Status of Design in South Korea," in Aso, T., C. Rademacher and J. Dobinson (eds.), *History of Design and Design Law*, Springer, pp.41-65
Klanten, R. and E. Stuhler (eds.) (2021), *Roots and Wings: Peter Schreyer: Designer, Artist, and Visionary*, Gestalten
Kocienda, K. (2018), *Creative Selection: Inside Apple's Design Process During the Golden Age of Steve Jobs*, St. Martin's Press（二木夢子訳『Creative Selection——Apple 創造を生む力』サンマーク出版，2019）
Kristoffersson, S. (2014), *Design by IKEA: A Cultural History*, Bloomsbury（太田美幸訳『イケアとスウェーデン——福祉国家イメージの文化史』新評論，2015）
Krumwiede, K., R. Lawson and L. Luo (2019), "Haier's Win-Win Value Added Approach" (https://sfmagazine.com/articles/2019/february/haiers-win-win-value-added-approach)
Kunkel, P. (1997), *Apple Design: The Work of the Apple Industrial Design Group*, Graphis Inc.（大谷和利訳『アップルデザイン』アクシスパブリッシング，1998）
Liu, S. X. (2016), "Innovation Design: Made in China 2025," *Design Management Review*, Vol.27(1), pp.52-58
Loh, E. (2019), "Interview: Elon Musk Reflects on Significance of Tesla Model S" (https://www.motortrend.com/features/tesla-elon-musk-interview/)
Lu, Y, Y. Pan and Z. Xu (2020), *Innovative Design of*

Hedvig, M. (2017), *A Century of Swedish Gustavian Style: Art History, Cultural Heritage and Neoclassical Revivals from the 1890s to the 1990s*, Uppsala University

Hickey, J. (2022), "2022 GWM Ora Ballet Cat specs revealed for the Chinese market" (https://www.whichcar.com.au/news/2022-gwm-ora-ballet-cat-china)

Huy, Q., M. Jarrett and L. Duke (2011), *IKEA: A Furniture Dealer*, HBR case IN1285

Kahney, L. (2013), *Jony Ive: The Genius Behind Apple's Greatest Products*, Portfolio（関美和訳『ジョナサン・アイブ――偉大な製品を生み出すアップルの天才デザイナー』日経BP, 2015）

Kahney, L. (2017), "Birth of the iPhone: How Apple turned clunky prototypes into a truly magical device" (https://www.cultofmac.com/news/jony-ive-book-excerpt-iphone/)

Kane, M. (2023), "Elon Musk On Tesla Cybertruck Performance Version: 'It Kicks Ass Next-Level'" (https://insideevs.com/news/688139/elon-musk-cybertruck-performance-version/)

Karjalainen, T-M. (2006), "Strategic Concepts in the Automotive Industry: Volvo Case Study," in T. Keinonen and R. Takala (eds.), *Product Concept Design*, Springer, pp.133-155

Key, E. (1913), "Beauty in the Home," in L. Creagh, H. Kåberg, and B. M. Lane (eds.) (2008), *Modern Swedish Design: Three Founding Texts*, Museum of Modern Art, pp.33-57

Kelley, T. and D. Kelley (2013), *Creative Confidence: Unleashing the Creative Potential Within Us All*, Crown Currency（千葉敏生訳『クリエイティブ・マインドセ

Farr, M. (1965), "Design management: Why is it needed now?," *Design Journal*, No.200, pp.38-39

Favilla, M. and A. Agnelli (2013), *Fare l'automobile*, Marsilio

Feng, J. (2022), "Chinese automaker rolls back 'cars made for women' strategy after disappointing sales" (https://thechinaproject.com/2022/10/28/chinese-automaker-rolls-back-cars-made-for-women-strategy-after-disappointing-sales/)

Fields, M. (2003), "The Rejuvenation of Volvo," in B. Gottschalk and R. Kalmbach (eds), *Markenmanagement in der Automobilindustrie*, Gabler, pp.424-457

Fiell, C and P. Fiell (2003), *Scandinavian Design*, Taschen

Finizio, G. (2002), *Design & Management: Gestire l'idea*, Skira

Fioravanti, L. (2015), *Il cavallino nel cuore*, Giorgio Nada

Frank, M. (2016), "Interview: Volvo VP of Design, Thomas Ingenlath" (https://coolhunting.com/design/interview-volvo-design-head-thomas-ingenlath/)

Freeze, K. J. and K. Chung (2008), *Design Strategy at Samsung Electronics: Becoming a Top-Tier Company*, HBR case DMI021

Frynas, J. G., M. J. Mol and K. Mellahi (2018), *Management Innovation Made in China: Haier's Rendanheyi*, HBR case CMR694

Fumia, E. (2015), *AUTOritratto: Inediti retroscena di uno stilista dell'automobile, padre di Alfa 164, Lancia Y, Ferrari F90 e di altri innovativi concetti*, Fucina

Gale, B. T. (1994), *Managing Customer Value: Creating Quality and Service That Customers Can See*, The Free Press

Hamel, G. and M. Zanini (2018), *The End of Bureaucracy*, HBR case R1806C

――ブランド経営をデザインする』東洋経済新報，2013）
Cropley, S. (2018), "Peter Horbury: the British designer behind fast-growing Geely" (https://www.autocar.co.uk/car-news/features/peter-horbury-british-designer-behind-fast-growing-geely)
Datar, S. M., A. Migdal and P. Hamilton (2021), *IBM: Design Thinking*, HBR case 121-007
de Combray, R. (ed.) (1982), *Armani*, Franco Maria Ricci
De Silva, W. (2021), *Il mestiere del car designer*, Fabbrica dei Segni
Donnelly, B. (2020), "The Emergence of Chinese-Influenced Design as an International Automotive Design Language," *Design Issues*, Vol.36(1), pp.77-87
Dorfles, G. (2004), *Le oscillazioni del gusto*, Skira
Esslinger, H. (2009), *A Fine Line: How Design Strategies Are Shaping the Future of Business*, Jossey-Bass（黒輪篤嗣訳『デザインイノベーション――デザイン戦略の次の一手』翔泳社，2010）
Fang, Y. (2019), "Design in Context: Ecology, Economics and Politics," *The Frontiers of Society, Science and Technology*, Vol.1(6), pp.80-86
Farh, J. -L. L. and X. Pi (2018), *Huawei the Ren Zhengfei Way: the "Tough Guy" and His Corporate Philosophy*, HBR case CB0099-PDF-ENG
Farhoomand, A. and V. Desai (2009), *Samsung Electronics: Innovation and Design Strategy*, HBR case HKU825
Farhoomand, A., M. Scheutz and R. Farmer (2007), *Chery Automobile Company: Evolution of the Chinese Automotive Industry*, HBR case HKU676

Creativity and Innovation Management, Vol.25(1), pp.38-57

Castelli, G., P. Antonelli and F. Picchi (eds.) (2007), *La fabbrica del design: Conversazioni con i protagonisti del design italiano*, Skira

Celaschi, F., A. Cappellieri and A. Vasile (2005), *Lusso versus design: Italian design, beni culturali e luxury system*, FrancoAngeli

Centazzo, G. (2007), *Guida al progetto dell'ambiente cucina*, Valcucine

Charan, R., D. Barton and D. Carey (2018), "How Volvo Reinvented Itself Through Hiring," Harvard Business Review (https://hbr.org/2018/03/how-volvo-reinvented-itself-through-hiring)

Choudhury, R. (2022), "Tesla's long-delayed electric Semi truck has finally hit the production line, says Elon Musk" (https://me.mashable.com/mobility/20631/teslas-long-delayed-electric-semi-truck-has-finally-hit-the-production-line-says-elon-musk)

Chung, K., Y. Kim and S. Bencuya (2014), *Hyundai Motor Company: Design Takes the Driver's Seat*, HBR case DMI025

Chung, K., Y. Kim and S. Bencuya (2015), "Hyundai Motor Company: Evolution of a Design Organization," *Design Management Review*, Vol.26(3), pp.50-59

Cooper, R., S. Junginger and T. Lockwood (eds.) (2011), *The Handbook of Design Management*, Bloomsbury

Corbellini, E. and S. Saviolo (2009), *Managing Fashion and Luxury Companies*, RCS Libri（長沢伸也・森本美紀監訳『ファッション＆ラグジュアリー企業のマネジメント

Electrolux (B)," *Fascicle of Management and Technological Engineering*, Vol.1, pp.9-12

Bachelard, G. (1957), *La poétique de l'espace*, PUF（岩村行雄訳『空間の詩学』ちくま学芸文庫，2002）

Bastien, V. and J-N. Kapferer (2013), "More on Luxury Anti-Laws of Marketing," in K-P. Wiedmann and N. Hennigs (eds.), *Luxury Marketing: A Challenge for Theory and Practice*, Springer, pp.19-34

Belpoliti, M. (2014), "Il ritorno di Valentina" (https://www.doppiozero.com/rubriche/3/201412/il-ritorno-di-valentina)

Borja de Mozota, B. and F. Wolff (2019), "Forty Years of Research in Design Management: A Review of Literature and Directions for the Future," *Strategic Design Research Journal*, Vol.12(1), pp.4-26

Branzi, A. (1984), "Il design primario," in L. Guerrini (ed.) (2006), *Design degli interni: Contributi al progetto per l'abitare contemporaneo*, FrancoAngeli

Breevoort, L. (2021), "The Big Read: Story of Great Wall Motor" (part 1/part 2) (https://carnewschina.com/2021/09/19/the-big-read-story-of-great-wall-motor-part-1/, https://carnewschina.com/2021/09/26/the-big-read-story-of-great-wall-motor-part-2/)

Brown, T. (2008), "Design Thinking," *Harvard Business Review*, Vol.86, No.6, pp.84-92（「IDEO：デザイン・シンキング——人間中心のイノベーションへ」『DIAMONDハーバード・ビジネス・レビュー』2008年12月号，pp.56-68，ダイヤモンド）

Carlgren, L., I. Rauth and M. Elmquist (2016), "Framing Design Thinking: The Concept in Idea and Enactment,"

デル速報　第602弾）三栄，2020年10月
『ドリス・ヴァン・ノッテン――ファブリックと花を愛する男』（DVD）アルバトロス，2018年

【中国語文献】

韩挺・董占勋（編著）（2016）『中国好设计 技术推动创新设计案例研究』中国科学技术出版社
徐江・刘惠荣・董占勋（編著）（2016）『中国好设计 创新设计2015案例研究』中国科学技术出版社
刘曦卉（2015）『中国好设计 企业创新设计路径案例研究』中国科学技术出版社
辛向阳（編）（2015）『中国好设计 消费电子电器创新设计案例研究』中国科学技术出版社
陳光立（2023）「連工程師都驚嘆！“Model Y 是款藝術品”豐田拆解特斯拉新車，工程師感到汗顏」（https://laweekly.asia/toyota-engineer-break-down-tesla-model-y/）
娄永琪・刘力丹・杨文庆（編）（2016）『中国好设计 绿色低碳创新设计案例研究』中国科学技术出版社

【欧文文献】

Antonelli, P. (2011), “Organic Design,” *Domus*, no.950, pp.112-119
Aragno, B. G. (ed.) (1982), *Progetto e stile: creatori della linea italiana*, De Luca Editore
Argan, G. C. (2003), *Progetto e oggetto: scritti sul design*, Medusa
Auto & Design, No.155（2005）, No.238（2019）, No.250（2021）
Avasilcai, S. and E. Galateanu (2015), “Pro-active Consumers’ Engagement as Driver of Co-innovation: The case of

Davies A. (ed.) (2017),「テスラが発表した電動トラックは、イーロン・マスクにとって「大きな賭け」になる」(https://wired.jp/2017/11/19/tesla-truck-revealed/)
冨山哲男他 (2002)「設計の理論〈設計系Ⅱ〉」『岩波講座 現代工学の基礎15』岩波書店
林進 (編) (1968)『現代デザインを考える』美術出版社
ファミリア (2023)『wishlist』
本田宗一郎 (2000)『得手に帆あげて――本田宗一郎の人生哲学 新装版』三笠書房
松岡由幸 (監修) (2018)『デザイン科学概論――多空間デザインモデルの理論と実践』慶應義塾大学出版会
水野一郎 (2019)「ハイアールの管理会計システムの新たな展開――Win-Win 付加価値計算書を中心として」『關西大學商學論集』Vol.64(1), pp.25-38
森岡茂勝 (1983)「北欧デザインの独自性の要因考察」『デザイン理論』Vol.22, pp.38-57
守山久子 (著)・日経デザイン (編) (2015)『バルミューダ 奇跡のデザイン経営』日経 BP
吉岡英美 (2024)「エレクトロニクス産業における垂直統合の優位性――サムスン電子の半導体事業の事例」『韓国経済研究』Vol.21, pp.1-21
吉川弘之 (2020)『一般デザイン学』岩波書店
吉原英樹・欧陽桃花 (2006)『中国企業の市場主義管理――ハイアール』白桃書房
「科学技術・イノベーション動向報告　韓国編」国立研究開発法人科学技術振興機構研究開発戦略センター, 2024年2月 (https://www.jst.go.jp/crds/pdf/2023/OR/CRDS-FY2023-OR-01.pdf)
『ホンダデザインのリアル』Axis 2021年6月増刊号
『ホンダ Honda e のすべて』(モーターファン別冊 ニューモ

川島洋一（1999）「蔵出し住宅　第9回　カール・ラーション自邸——終焉に咲いたもう一つの近代」『住宅建築』No.291, pp.146-154
小山太郎（2021a）『イタリアのデザイン思考とデザインマネジメント』三恵社
小山太郎（2021b）「イタリアのファッションブランド——そのアート思考とデザインマネジメントについて」『商品開発・管理研究』Vol.18(1), pp.39-68
小山太郎（2022）「イタリアのインテリアデザイン理論——キッチン（cucina）と浴室（bagno）との関連で」『商品開発・管理研究』Vol.18(2), pp.44-66
小山太郎（2023）「イタリアにおける小型自動車のデザインプロセス——EV化を見据え、フィアットを中心に」『商品開発・管理研究』Vol.19(2), pp.19-42
佐伯胖（1988）「機械と人間の情報処理——認知工学序説」竹内啓編『意味と情報』東京大学出版会
佐藤和子（2001）『「時」を生きるイタリア・デザイン』TBSブリタニカ
周瑋生（2019）「第1章　チャイナ・イノベーションの概要」『チャイナ・イノベーション』科学技術振興機構（JST）中国総合研究・さくらサイエンスセンター, pp.1-12
徐方啓（2020）『中国発グローバル企業の実像（改訂増補版）』千倉書房
谷崎潤一郎（1975）『陰翳礼讃』中公文庫
陳晋（2017）「中国企業成長の新しいパターンに関する研究——世界トップ商用ドローン企業DJIの競争優位構築」『産業学会研究年報』Vol.32, pp.123-136
陳晋（2022）「世界ドローン最大手DJIのプラットフォーム構築に関する分析」『アジア経営研究』Vol.28, pp.25-38

参考文献

【日本語文献】

池上貴之（2021）「翻訳　エレン・ケイ著『住まいの中の美：エーレンスヴァルドの文章のささやかな説明』」『金沢大学人間社会研究域学校教育系紀要』Vol.13, pp.155-159

石田賢（2013）『サムスン式国際戦略——サムスン躍進の原動力』文眞堂

岩倉信弥・岩谷昌樹・長沢伸也（2005）『ホンダのデザイン戦略経営——ブランドの破壊的創造と進化』日本経済新聞出版

浮田亜樹（2020）「Samsung、まるでインテリアなテレビ「The Frame」と「The Serif」、サウンドバー３シリーズの新製品を発表」（https://slashgear.jp/tech/10569/）

内田智・佐原健・明井亨訓・半澤小百合（2021）「Honda eのデザイン開発——先進技術が人に寄り添うクルマ」『Honda R&D Technical Review』Vol.33(2), pp.1-14

内田智・佐原健・明井亨訓・半澤小百合・荒井秀年（2022）「Honda e のデザイン開発と意匠保護」『Design Protect』Vol.35(4), pp.2-9

加藤周一（1967）『芸術論集』岩波書店

カー・マガジン編集部／中三川大地（2006）『ワールド・カー・ガイド・DX　15 ボルボ』ネコ・パブリッシング

上岡隆（2019）『バルミューダ　熱狂を生む反常識の哲学』日経 BP

川島洋一（1996）「スウェーデンの近代的住宅像形成過程におけるカール・ラーション自邸の意義」『デザイン理論』Vol.35, pp.57-70

小山太郎（こやま・たろう）

1969年生．1993年，早稲田大学政治経済学部経済学科卒業，1995年，同大学大学院経済学研究科修士課程修了，2006年，同大学大学院商学研究科博士後期課程修了．京都大学博士（経済学）．NTT 勤務を経て，現在、中部大学専任講師．2010年以降，主にイタリアのデザイン経営の研究を行う．
著書『イタリアのデザイン思考とデザインマネジメント』（三恵社，2021年）
『イタリアのデザイン経営―EV，ファッション，インテリアの事例』（三恵社，2024年）
『グッチの戦略』（共著，東洋経済新報社，2014年）など

デザイン経営《けいえい》
中公新書 *2847*

2025年３月25日発行

著　者　小山太郎
発行者　安部順一

本文印刷　三晃印刷
カバー印刷　大熊整美堂
製　　本　小泉製本

発行所　中央公論新社
〒100-8152
東京都千代田区大手町 1-7-1
電話　販売 03-5299-1730
　　　編集 03-5299-1830
URL https://www.chuko.co.jp/

Published by CHUOKORON-SHINSHA, INC.
Printed in Japan　ISBN978-4-12-102847-1 C1234

中公新書刊行のことば

いまからちょうど五世紀まえ、グーテンベルクが近代印刷術を発明したとき、書物の大量生産は潜在的可能性を獲得し、いまからちょうど一世紀まえ、世界のおもな文明国で義務教育制度が採用されたとき、書物の大量需要の潜在性が形成された。この二つの潜在性がはげしく現実化したのが現代である。

いまや、書物によって視野を拡大し、変りゆく世界に豊かに対応しようとする強い要求を私たちは抑えることができない。この要求にこたえる義務を、今日の書物は背負っている。だが、その義務は、たんに専門的知識の通俗化をはかることによって果たされるものでもなく、通俗的好奇心にうったえて、いたずらに発行部数の巨大さを誇ることによって果たされるものでもない。現代を真摯に生きようとする読者に、真に知るに価いする知識だけを選びだして提供すること、これが中公新書の最大の目標である。

私たちは、知識として錯覚しているものによってしばしば動かされ、裏切られる。私たちは、作為によってあたえられた知識のうえに生きることがあまりに多く、ゆるぎない事実を通して思索することがあまりにすくない。中公新書が、その一貫した特色として自らに課すものは、この事実のみの持つ無条件の説得力を発揮させることである。現代にあらたな意味を投げかけるべく待機している過去の歴史的事実もまた、中公新書によって数多く発掘されるであろう。

中公新書は、現代を自らの眼で見つめようとする、逞しい知的な読者の活力となることを欲している。

一九六二年一一月

経済・経営

経済・経営

g 2

2200 夫婦格差社会　橘木俊詔・迫田さやか
2701 日本のコメ問題　小川真如
2634 サラ金の歴史　小島庸平

中公新書

芸術

k1

中公新書

社会・生活

中公新書

地域・文化・紀行 t1

285 日本人と日本文化 司馬遼太郎 ドナルド・キーン
605 絵巻物に見る日本庶民生活誌 宮本常一
201 照葉樹林文化 上山春平編
799 沖縄の歴史と文化 外間守善
2711 京都の山と川 鈴木康久 肉戸裕行
2744 正倉院のしごと 西川明彦
2298 四国遍路 森 正人
2151 国土と日本人 大石久和
1810 日本の庭園 進士五十八
2633 日本の歴史的建造物 光井 渉
2791 中国農村の現在 田原史起
1009 トルコのもう一つの顔 小島剛一
2183 アイルランド紀行 栩木伸明
1670 ドイツ 町から町へ 池内 紀
1742 ひとり旅は楽し 池内 紀
2331 カラー版 廃線紀行—もうひとつの鉄道旅 梯 久美子
2290 酒場詩人の流儀 吉田 類
2472 酒は人の上に人を造らず 吉田 類
2721 京都の食文化 佐藤洋一郎
2690 北海道を味わう 小泉武夫

地域・文化・紀行

t2

- 560 文化人類学入門（増補改訂版） 祖父江孝男
- 2315 南方熊楠《みなかたくまぐす》 唐澤太輔
- 2367 食の人類史 佐藤洋一郎
- 92 肉食の思想 鯖田豊之
- 2129 カラー版 地図と愉しむ東京歴史散歩 竹内正浩
- 2170 カラー版 地図と愉しむ東京歴史散歩 都心の謎篇 竹内正浩
- 2227 カラー版 地図と愉しむ東京歴史散歩 地形篇 竹内正浩
- 2327 カラー版 イースター島を行く 野村哲也
- 1869 カラー版 将棋駒の世界 増山雅人
- 2117 物語 食の文化 北岡正三郎
- 596 茶の世界史（改版） 角山栄
- 1930 ジャガイモの世界史 伊藤章治
- 2088 チョコレートの世界史 武田尚子
- 2361 トウガラシの世界史 山本紀夫
- 2229 真珠の世界史 山田篤美
- 1095 コーヒーが廻り世界史が廻る 臼井隆一郎
- 1974 毒と薬の世界史 船山信次
- 2391 競馬の世界史 本村凌二
- 2755 モンスーンの世界 安成哲三
- 650 風景学入門 中村良夫